essentials

Essentials liefern aktuelles Wissen in konzentrierter Form. Die Essenz dessen, worauf es als „State-of-the-Art" in der gegenwärtigen Fachdiskussion oder in der Praxis ankommt. *Essentials* informieren schnell, unkompliziert und verständlich

- als Einführung in ein aktuelles Thema aus Ihrem Fachgebiet
- als Einstieg in ein für Sie noch unbekanntes Themenfeld
- als Einblick, um zum Thema mitreden zu können

Die Bücher in elektronischer und gedruckter Form bringen das Fachwissen von Springerautor*innen kompakt zur Darstellung. Sie sind besonders für die Nutzung als eBook auf Tablet-PCs, eBook-Readern und Smartphones geeignet. *Essentials* sind Wissensbausteine aus den Wirtschafts-, Sozial- und Geisteswissenschaften, aus Technik und Naturwissenschaften sowie aus Medizin, Psychologie und Gesundheitsberufen. Von renommierten Autor*innen aller Springer-Verlagsmarken.

Marie Winkelmann ·
Jessica Hastenteufel · Susanne Weber

Visualisierung von Personalkennzahlen über Dashboards

Marie Winkelmann
Osnabrück, Deutschland

Jessica Hastenteufel
Neunkirchen, Deutschland

Susanne Weber
Geltendorf, Deutschland

ISSN 2197-6708   ISSN 2197-6716 (electronic)
essentials
ISBN 978-3-658-48901-4   ISBN 978-3-658-48902-1 (eBook)
https://doi.org/10.1007/978-3-658-48902-1

Die Deutsche Nationalbibliothek verzeichnet diese Publikation in der Deutschen Nationalbibliografie; detaillierte bibliografische Daten sind im Internet über https://portal.dnb.de abrufbar.

Springer Gabler ist ein Imprint der eingetragenen Gesellschaft Springer Fachmedien Wiesbaden GmbH und ist ein Teil von Springer Nature.
Die Anschrift der Gesellschaft ist: Abraham-Lincoln-Str. 46, 65189 Wiesbaden, Germany

Wenn Sie dieses Produkt entsorgen, geben Sie das Papier bitte zum Recycling.

Was Sie in diesem *essential* finden können

- Dashboards als Grundlage fundierter Entscheidungen
- Personalkennzahlen effektiv visualisieren
- Aufbau eines praxisnahen HR-Dashboards
- Self Service Reporting im digitalen HR-Controlling
- Tipps für Gestaltung und Umsetzung in der HR-Praxis

Inhaltsverzeichnis

Einführender Überblick 1

Das Umfeld von Unternehmen ist durch die Digitalisierung zunehmend komplex und dynamisch (Keimer und Egle 2020, S. 1), was dazu führt, dass Unternehmen sich weiterentwickeln und an die Veränderungen ihres Umfelds anpassen müssen, um wettbewerbsfähig zu bleiben (Kasselmann und Gebhardt 2017, S. 83). Mit zunehmender Digitalisierung stehen den Unternehmen mehr Daten zur Verfügung (Schlenkrich und Wisbert 2019, S. 40), die diese als strategische Ressource nutzen müssen, um am Markt bestehen zu können (Erichsen 2019, S. 17). Denn Daten gelten als zentraler Erfolgsfaktor für Unternehmen (Hastenteufel et al. 2021, S. 4), sodass aus diesen ein maximaler Nutzen generiert werden soll (Heupel und Reinhardt 2019, S. 119). Daten bilden die Grundlage für eine Entscheidungssituation und ermöglichen bei gezielter Auswertung (Weigerding und Hastenteufel 2025, S. 3) hohe Effizienzgewinne und Effektivitätssteigerungen (Cassack 2020, S. 248).

Die betriebliche Entscheidungsfindung wird durch die Flut an Daten in schnelllebigen Märkten zunehmend komplexer (Keimer und Egle 2020, S. 4) und Entscheidungen müssen in immer kürzeren Abständen getroffen werden (Kieninger 2012, S. 5). Daher ist es sinnvoll, Entscheidungen möglichst effizient und effektiv (Hecht und Scherrer 2020, S. 84) sowie möglichst objektiv zu treffen, indem eine solide Datenbasis herangezogen wird (Caviezel 2020, S. 106). Zur Vermeidung von Fehlentscheidungen können aus diesem Grund auch quantitative Modelle zur Entscheidungsfindung herangezogen werden (Bieker 2019, S. 25). Das Controlling stellt dabei die benötigten Informationen in Form von Reportings zur Verfügung (Isensee 2017, S. 28).

Durch die Digitalisierung ändern sich zudem die Leistungen und die Verwendung verschiedener IT-Systeme zum Reporting (Hastenteufel et al. 2024,

M. Winkelmann et al., *Visualisierung von Personalkennzahlen über Dashboards*, essentials, https://doi.org/10.1007/978-3-658-48902-1_1

S. 126 ff.). So verwenden Unternehmen bspw. Cloud-Lösungen und BI-Systeme, um die Entscheider mit den richtigen Informationen zu versorgen. Trotz vieler Veränderungen und Verbesserungen im Reporting klagen die Empfänger der Berichte oft darüber, dass eine qualitative Entscheidung mit den vorliegenden Informationen und Zahlen aus den Berichten nur bedingt möglich sei (Langmann 2019, S. 12 ff.). Daher sollte der Aufbau eines Reportings oder Dashboards genau betrachtet werden. Die Qualität von Entscheidungen wird durch das Informationsangebot bedingt, sodass sich vor allem in strategischen Fragen ein Handlungsbedarf dahingehend ergibt, die Informationsversorgung zu verbessern, um das erfolgreiche Fortbestehen eines Unternehmens zu sichern (Becker et al. 2015, S. 263).

Vor allem für strategische Entscheidungen im Bereich HR sind die richtigen Daten von großer Bedeutung, um Fehlentscheidungen mit Langzeitfolgen und hohe Kosten zu vermeiden (Stüben et al. 2023, S. 10), da Mitarbeiter ein zentraler Engpassfaktor der Zukunft (Kobi 2012, S. 18) und somit essenziell für den Erfolg eines jeden Unternehmens sind (Zdrowomyslaw 2022, S. 225). Denn Mitarbeiter sind die grundlegende Ressource, ohne die kein Output erzeugt werden kann (Podlinski 2021, S. 20 f.). Die Beschaffung und die Sicherung des Personalbestands ist daher eine zentrale Herausforderung in der Personalarbeit, die es mit den richtigen Entscheidungen zu bewältigen gilt (van Bentum und Erben 2024, S. 79). Veränderungen der Zufriedenheit oder anderer Faktoren können dazu führen, dass Mitarbeiter abwandern (Kirchler und Hölzl 2011, S. 242), was wiederum das Risiko birgt, dass Unternehmen die Sicherung der Erfolgsfaktoren Arbeit und Mensch verloren geht (Kobi 2012, S. 19). Die Bewertung und Betrachtung dieses Risikos ist essenziell, um Abwanderungen und andere Personalrisiken zu vermeiden (Paul 2005, S. 11). Durch das Monitoring von Veränderungen in der Mitarbeiterzufriedenheit können bspw. drohende Abwanderungen von Mitarbeitern frühzeitig erkannt und dem Verlust von Know-how vorgebeugt werden (van Bentum und Erben 2024, S. 78). Außerdem arbeiten zufriedene Mitarbeiter nachweislich effizienter (Zdrowomyslaw 2022, S. 239).

Mithilfe der Visualisierung von Kennzahlen in Dashboards können solche Sachverhalte veranschaulicht werden (Mehlfeld und Wiener 2017, S. 161). Im Rahmen der Unterstützung der Personalarbeit kann das Management mithilfe von Personalkennzahlen-Dashboards bei der Entscheidungsfindung unterstützt werden. Daher befasst sich dieses *Essential* mit der Frage, inwiefern Personalkennzahlen-Dashboards zur Entscheidungsunterstützung beitragen können.

Dashboards in der Entscheidungsfindung

2.1 Daten und Datenmanagement

Daten sind erfolgsbestimmend und haben einen erheblichen Einfluss auf das Unternehmensgeschehen (Heupel und Reinhardt 2019, S. 119). Durch die Digitalisierung steht wie bereits beschrieben eine größere Menge an Daten zur Verfügung (Cassack 2020, S. 248), die in höherer Qualität verfügbar gemacht werden sollen (Schäffer 2023, S. 3). Den Unternehmen stehen in den unterschiedlichsten Systemen strukturierte, semi-strukturierte und unstrukturierte Daten zur Verfügung (Kajüter et al. 2019, S. 139). Um die semi- und unstrukturierten Daten verfügbar zu machen, werden diese in einen Kontext eingebettet und verwertbar gemacht (Willmes et al. 2015, S. 259). Das Strukturieren der Daten als erster Schritt der Datenzusammenführung ist essenziell, um eine Datenkonsistenz zu erhalten (Natterer und Jattke 2022, S. 26). Um Daten zur Informationsversorgung zu verarbeiten, müssen die Qualität sowie die Zusammenhänge dieser Daten betrachtet werden. Damit dies möglich ist, sollten alle Daten in einem übergeordneten System verfügbar gemacht werden (Gerig 2020, S. 227). Diese Datenquelle dient dann als Single Source of Truth. Dabei ist es wichtig, dass die Daten aus unterschiedlichen Quellen zusammengeführt werden und sich nicht widersprechen (Schäffer 2023, S. 3). Ebenfalls ist es bedeutend, dass nicht alle Daten wahllos in ein System überführt werden. Denn nur kontrollierte und konsistente Daten tragen zur Entscheidungssicherung bei (Friedag 2017, S. 81; Eisl et al. 2023, S. 43). Gleichzeitig sollten Datenmodelle möglichst flexibel sein, damit neue Informationsquellen problemlos integriert werden können (Stüben et al. 2023, S. 9).

Das Ziel des Datenmanagements ist das Einsetzen der Informationen zur Entscheidungsfindung im Unternehmen und die Nutzung der Daten durch eine

M. Winkelmann et al., *Visualisierung von Personalkennzahlen über Dashboards*, essentials, https://doi.org/10.1007/978-3-658-48902-1_2

Umwandlung in zielgerichtete Informationen (Heupel und Reinhardt 2019, S. 116 ff.).

In einem Data Warehouse können Daten bereitgestellt werden (Natterer und Jattke 2022, S. 27). Der Vorteil eines Data Warehouse ist, dass die Prozesse im Unternehmen direkt mit Daten verknüpft werden und durch Datenkonsistenz eine geringe Fehlerquote entsteht (Hecht und Scherrer 2020, S. 89). Allerdings ist die Datenkonsistenz zugleich die zentrale Herausforderung im Datenmanagement. Etwaige Fehler in den Daten können dazu führen, dass die Entscheidungsträger falsche Denkanstöße erhalten oder Informationen fehlinterpretieren, sodass es zu teils weitreichenden Fehlentscheidungen kommen kann (Kajüter et al. 2019, S. 140; Stüben et al. 2023, S. 10). Dies bedeutet, dass eine gute Entscheidungsgrundlage nur dann zur Verfügung gestellt werden kann, wenn Kennzahlen korrekt ermittelt und definiert werden und auf konsistenten Daten basieren (Stüben et al. 2023, S. 12).

2.2   Controlling – Aufgaben und Funktionen

Controller fungieren als Partner des Managements und unterstützen dieses bei der Planung, Steuerung und Entscheidungsfindung (Baumöl et al. 2017, S. 43). In der Literatur werden zahlreiche Definitionen von Aufgaben im Controlling und Rollen des Controllers diskutiert (Hastenteufel et al. 2022, S. 1 ff.). So werden Controllern die Informationsfunktion, Unterstützungsfunktion oder die Rolle des Business Partners zugeschrieben (Langmann 2019, S. 2; Becker und Ulrich 2022, S. 4; Hartmann und Momsen 2023, S. 31). All diese Rollen und Funktionen, die dem Controller zugeschrieben werden, vernetzen diesen eng mit dem Management (Becker und Ulrich 2022, S. 4). Das Controlling liefert dem Management die Informationsgrundlage für dessen Entscheidungsfindung (Erichsen 2019, S. 2). Dies ist eine der Hauptaufgaben im Controlling (Erichsen 2019, S. 2; Heupel und Reinhardt 2019, S. 123; Gerig 2020, S. 212; Keimer und Egle 2020, S. 7).

Das Controlling im Unternehmen kann sich durch unterschiedliche Definitionen und Rollen unterscheiden. Diese Ausprägungen des Controllings werden als Konzeptionen bezeichnet, mithilfe derer definiert wird, womit sich das Controlling befasst (Coenenberg et al. 2016, S. 36 ff.). Die informationsorientierte Konzeption zielt bspw. auf die Versorgungsfunktion des Controllings ab, die dazu beitragen soll, dass das Management die richtigen Informationen zur Realisierung der Unternehmensziele erhält (Hecht und Scherrer 2020, S. 85; Güler 2021, S. 41). Neben der informationsorientierten Konzeption gibt es die rationalitätsorientierte Ausrichtung des Controllings. In dieser Konzeption sollen die Entscheidungen des Managements kritisch hinterfragt werden, damit intuitive Entscheidungen objektiver werden (Coenenberg et al. 2016, S. 42; Hecht und Scherrer 2020, S. 85). Da in diesem *Essential* die Unterstützung der Entscheidungsfindung mithilfe eines Kennzahlen-Dashboards im Personalbereich thematisiert wird, wird für die hier zugrunde gelegte Definition der rationalitätsorientierte Ansatz des Controllings gewählt. Die datengetriebene Entscheidungsgrundlage, die verbessert werden soll, bildet dabei den Kern der Ausführungen.

Das Controlling als Unterstützer des Managements liefert die Basis für eine datenbasierte Entscheidung (Langmann 2019, S. 2) und unterstützt vor allem durch die Bereitstellung von Informationen und die Formulierung von Empfehlungen (Erichsen 2019, S. 2). Die Basis für das Controlling bilden die Unternehmensziele (Vanini 2022, S. 277). Mithilfe des Berichtswesens, auch Reporting genannt, werden dem Management die benötigten Informationen zur Verfügung gestellt und von diesem zur Entscheidungsfindung herangezogen (Nunkesser und Thorn 2020, S. 270). Das Reporting besteht aus

- der Datensammlung,
- der Datenaufbereitung,
- der Berichtserstellung und
- der Analyse (Langmann 2019, S. 12).

Zudem muss im Rahmen der Berichtserstellung der Informationsbedarf sowie die Zielsetzung dieses Bedarfs identifiziert werden (Stoffers et al. 2021, S. 943). Die Berichte lassen sich dabei bspw. in Standardreports und Bedarfsberichte, die explizit angefordert werden, unterscheiden (Schön 2018, S. 50).

Echtzeitdaten erhöhen die zur Verfügung stehenden Datenmengen und ermöglichen schnellere Reaktionen auf die Marktsituation (Cassack 2020, S. 243), sodass das Berichtswesen an diese veränderten Umstände und die steigende Komplexität angepasst werden muss (Nunkesser und Thorn 2020, S. 266). Viele Manager kritisieren die in Unternehmen zur Verfügung stehenden Berichte aufgrund der teils fehlenden Aktualität der Daten und des Aussagehalts, sodass sie für Entscheidungen z. T. nicht oder nur selten herangezogen werden (Kajüter et al. 2019, S. 137). Um dieser Problematik entgegenzuwirken, ist ein gutes Datenmanagement erforderlich, auf dem das Berichtswesen aufgebaut wird (Stüben et al. 2023, S. 9) und durch das den Informationen Vertrauen entgegengebracht wird (Oehler 2023, S. 9).

In diesem Kontext sind interaktive Reports über Dashboards eine Möglichkeit, die Informationsversorgung des Managements in Zeiten der Digitalisierung und der Automatisierung zu verbessern (Kajüter et al. 2019, S. 145; Kramb und Maier 2023, S. 78). Hierbei können die Daten aus einem zentralen Data Warehouse abgerufen (Duckstein 2020, S. 126) und mit Business Analytics zukunftsorientierte Fragestellungen gelöst werden (Kajüter et al. 2019, S. 137).

2.3 Personalcontrolling als Teil der Unternehmenssteuerung

Mitarbeiter sind für den Erfolg eines Unternehmens essenziell, da sie als wichtige Ressource ihre Arbeitskraft und ihr Know-how zur Verfügung stellen (Zdrowomyslaw 2022, S. 225). Aus diesem Grund ist es von großer Bedeutung, ein funktionierendes Personalcontrolling zu implementieren. Durch die Entwicklungen auf dem Arbeitsmarkt fehlen in den Unternehmen zahlreiche Fachkräfte für zu besetzende Stellen (Weinert et al. 2022, S. 206 ff.), sodass die Steuerung verschiedener Prozessschritte im Personalbereich gefordert wird.

Das Controlling wird als Bereichscontrolling um den Betrachtungswinkel zur Planung, Steuerung und Kontrolle der unternehmerischen Personal-Prozesse ergänzt, nicht ersetzt (Zdrowomyslaw 2022, S. 226 ff.). Weiterhin gelten im Personalcontrolling die Definitionen und Aufgaben des Controllings, sodass sich aus diesem Bild im Personalcontrolling die Funktionen

- der Kontrolle (Zielerreichung),
- der Steuerung (Anpassung von Handlungen) und
- der Information (Entscheidungsgrundlage)

ergeben (Scholz und Scholz 2019, S. 433 ff.). Der Fokus der Entscheidungsunterstützung wird allerdings im Personalcontrolling auf die langfristige Entwicklung und Sicherung des Personals gelegt (Zdrowomyslaw 2022, S. 232), sodass das Controlling Empfehlungen aussprechen kann, um Potenziale im HR-Bereich auszuschöpfen (Nemmer und Schuster 2022, S. 582).

Das Ziel des Personalcontrollings ist es u. a. die Transparenz der Personalprozesse zu erhöhen und deren Effizienz zu steigern, um den Einfluss des Personalbestandes auf den Unternehmenserfolg zu verbessern (Weinert et al. 2022, S. 208).

Das Personalcontrolling dient insb. zur Steuerung von Risiken, die im Kontext des Personalwesens auftreten können (van Bentum und Erben 2024, S. 77),

Tab. 2.1 Personalrisiken

Risiko	Definition
Engpass-/Austrittsrisiko	Verlust von Arbeitskraft durch Kündigungen oder fehlende Kapazitäten
Motivationsrisiko	Sinkende Leistungsbereitschaft der Mitarbeiter durch Minderleistungen
Anpassungsrisiko	Mitarbeiter werden an falscher Stelle eingesetzt oder falsch weiterentwickelt
HR-Compliance-Risiken	Verhalten von Mitarbeitern verstößt gegen Compliance-Richtlinien
Know-how-Verlustrisiken	Verlust von Wissen und Know-how
Operative Prozessrisiken	Fehlerhafte Standardprozesse im Personalbereich

Quelle: Eigene Darstellung in Anlehnung an van Bentum und Erben 2024, S. 77

denn die Mitarbeiter entscheiden selbstständig und beeinflussen mit ihren sub-jektiven Präferenzen den Erfolg des Unternehmens (Richter 2010, S. 32; Kobi 2012, S. 18). Zu den Risiken im Personalbereich gehören u. a. das Austrittsrisiko, das Motivationsrisiko, der Verlust von Know-how sowie weitere Prozessrisiken (Tab. 2.1).

Diese Risiken müssen im Unternehmenskontext individuell betrachtet werden. Kennzahlen eignen sich bspw. zur Bewertung dieser Risiken, obwohl Personal-risiken häufiger durch weiche Faktoren gekennzeichnet sind. Das Klassifizieren dieser Risiken trägt dazu bei, dass diese effizienter analysiert und besser erkannt werden (van Bentum und Erben 2024, S. 77 ff.).

Das Personalcontrolling wird jedoch auch eingesetzt, um das Verhalten von Mitarbeitern aktiv zu steuern, indem u. a. Anreize geschaffen werden, entspre-chend der Unternehmensziele zu handeln (Zdrowomyslaw 2022, S. 239). Eine Herausforderung beim Personalcontrolling stellt die Steuerung der Mitarbeiter als Ressource dar, da diese nicht rein ökonomisch betrachtet werden können und sollten (Zdrowomyslaw 2022, S. 232) und Zusammenhänge zwischen aufgetre-tenen Problemen und deren Ursachen häufig nur schwer aufzudecken sind (van Bentum und Erben 2024, S. 77). Dennoch sind Kennzahlen auch im Personalcon-trolling ein zentrales Instrument, um die Effizienz von eingeleiteten Maßnahmen sowie den Grad der Zielerreichung zu überprüfen (Sacco 2022, S. 20). Denn Kennzahlen ermöglichen eine gute Entscheidungsvorbereitung (van Bentum und Erben 2024, S. 77).

2.4   Kennzahlen und Kennzahlensysteme

Zur Steuerung der Unternehmensprozesse werden u. a. Kennzahlen herangezogen, um Informationen herunterzubrechen und komplexe Sachverhalte anschaulich darzustellen (Güler 2021, S. 135; Nemmer und Schuster 2022, S. 589).

Kennzahlen können mit verschiedenen Funktionen abgeleitet werden (Güler 2021, S. 135; Zdrowomyslaw 2022, S. 234). Sie können bspw. eine Abweichung darstellen, um eine Kontrollfunktion zu erfüllen oder als Vorgabewert oder Steuerungsinstrument eingesetzt werden (Nemmer und Schuster 2022, S. 589). Des Weiteren werden Kennzahlen als Kommunikationsmittel oder zur Motivation eingesetzt (Zdrowomyslaw 2022, S. 238). Der Einsatz von Kennzahlen ist vielfältig und das Controlling nutzt diese, um ein Unternehmen zu steuern (Willmes et al. 2015, S. 259).

Da Kennzahlen als Werte abgebildet werden, stellen sie quantifizierte Daten zur Verfügung, die einen Sachverhalt bzw. Zusammenhang wertmäßig abbilden (Güler 2021, S. 135). Allerdings stellt die Interpretation einer Kennzahl eine zentrale Herausforderung für die Entscheidungsträger dar, da der Kontext der Berechnung für die Interpretation ausschlaggebend ist. Das Ziel sollte es daher sein, die Zusammenhänge zwischen einzelnen Kennzahlen aufzudecken und Interpretationen mit möglichst konkreten Maßnahmen zu verbinden. Des Weiteren sollte zur Interpretation von Kennzahlen der Kontext der Zahlen bekannt sein (Zdrowomyslaw 2022, S. 236).

Kennzahlen können bspw. in absolute und relative sowie monetäre und nicht monetäre Größen unterteilt werden (Güler 2021, S. 135; Nemmer und Schuster 2022, S. 591). Neben den diversen Ausprägungen von quantitativ bis qualitativ können Kennzahlen miteinander verglichen werden. Zum einen können Kennzahlen aus verschiedenen Perioden wie bspw. aktuelles Jahr und Vorjahr oder aktueller Monat mit dem Vormonat miteinander verglichen werden (Probst 2019, S. 36). Des Weiteren können Kennzahlen als Abweichung zum geplanten Zustand dargestellt werden (Probst 2019, S. 36). Daneben können auch Vergleiche mit anderen Unternehmen angestrebt werden. Diese Vergleiche werden als Betriebsvergleiche oder Benchmarks bezeichnet (Probst 2019, S. 52; Zdrowomyslaw 2022, S. 236). Allerdings sind Benchmarks zum Teil problematisch, wenn die Vergleichsgrundlage nicht transparent ist oder unterschiedliche Marktsituationen sowie andere Unterschiede zwischen den betrachteten Unternehmen vorliegen (Güler 2021, S. 136).

Kennzahlen stellen jedoch i. d. R. vergangenheitsbezogene Werte dar (Nemmer und Schuster 2022, S. 592). Weitergehend ist es von Bedeutung, dass

Kennzahlen nicht nur dargestellt, sondern auch entsprechend interpretiert werden. Am besten sollte es daher eine unternehmensspezifische Definition für die verwendeten Kennzahlen geben (Zdrowomyslaw 2022, S. 236; Kramb und Maier 2023, S. 77). Hierbei entscheidet der Kontext einer Kennzahl über deren Aussagegehalt (Oehler 2023, S. 13). Außerdem rahmt eine Definition den Interpretationsspielraum einer Kennzahl ein und reduziert etwaige Missverständnisse bei der Datenerhebung sowie der Auswertung (Sacco 2022, S. 20).

Es gilt hierbei zu beachten, dass Kennzahlen nur einen Teil der Realität abbilden und nicht als alleinige Wahrheit zu betrachten sind. Eine zu starke Fokussierung auf Kennzahlen führt dazu, dass Prozesse und Ressourcen einschließlich der Mitarbeiter ausschließlich in Zahlen dargestellt werden (Nemmer und Schuster 2022, S. 592). Jedoch sind Mitarbeiter eine Ressource, die nicht rein quantitativ ausgedrückt werden kann und sollte, da in diesem Fall weiche Faktoren wie bspw. die Zufriedenheit oder die Motivation eine hohe Bedeutung haben (Sacco 2022, S. 21).

Kennzahlen können u. a. eingesetzt werden, um Veränderungen frühzeitig zu erkennen (Probst 2019, S. 14 f.). In diesem Kontext wird Kennzahlen eine Frühwarnfunktion zugeschrieben, durch die die Wahrscheinlichkeit von diversen Risiken bewertet werden kann (Vanini 2022, S. 278).

Einzelne Kennzahlen isoliert zu betrachten und zu interpretieren, ist zudem weniger aussagekräftig, sodass nach Möglichkeit ein Kennzahlensystem genutzt werden sollte (Gleich 2021, S. 10; Güler 2021, S. 136). Ein mögliches Kennzahlensystem ist die Balanced Scorecard nach Kaplan/Norton (Nemmer und Schuster 2022, S. 595; Zdrowomyslaw 2022, S. 236). Sie dient als Führungsinstrument zur Überprüfung der Zielerreichung der verschiedenen Perspektiven (Scholz und Scholz 2019, S. 436). Der Vorteil einer Balanced Scorecard ist der Einbezug von monetären und nicht-monetären Kennzahlen wie bspw. der Zufriedenheit der Mitarbeiter (Zdrowomyslaw 2022, S. 235). Die Entwicklung und Einführung einer Balanced Scorecard ist jedoch ein relativ aufwendiger Prozess, da die wesentlichen Unternehmensziele in Kennzahlen überführt werden müssen.

Zu den Perspektiven einer klassischen Balanced Scorecard zählen die Finanz-, Kunden-, Prozess- und Lern-/Entwicklungsperspektive (Nemmer und Schuster 2022, S. 595). Wichtig ist hierbei, dass die einzelnen Perspektiven nicht isoliert voneinander betrachtet werden sollten, sondern miteinander in Verbindung gebracht werden müssen, um ein ganzheitliches Bild für die Entscheidungsfindung zu erhalten (Kaplan und Norton 1992).

Ergänzend zur klassischen Balanced Scorecard nach Kaplan/Norton gibt es bereits vielzählige Anpassungen auf verschiedene Fachbereiche wie bspw. den Personalbereich. So hat sich hieraus u. a. die sog. HR-Scorecard entwickelt, die

darauf abzielt, den Personalbereich mit seinen verschiedenen Perspektiven abzubilden und die strategische Bedeutung dieses Bereiches hervorzuheben (Sacco
2022, S. 38).

2.5 Ausgewählte Personalkennzahlen

Neben finanziellen Kennzahlen werden im Personalcontrolling auch nicht-
finanzielle Kennzahlen immer wichtiger (Stüben et al. 2023, S. 9). Dabei sind die
Auswahlmöglichkeiten von Kennzahlen im Personalwesen sehr groß (Nemmer
und Schuster 2022, S. 592; Zdrowomyslaw 2022, S. 235).

Um ein Kennzahlensystem in die Arbeit des Personalmanagements einzubinden, bedarf es keines großen Budgets, da hier ebenfalls die klassischen, teils
im Unternehmen bereits vorhandenen Steuerungsinstrumente zum Einsatz kommen können. Beim Einbinden eines Kennzahlensystems geht es vor allem darum,
die Unternehmenssteuerung mit Kennzahlen in der Praxis umzusetzen (Zdrowomyslaw 2022, S. 236). So kann exemplarisch für den Einstellungsprozess
belegt werden, dass das Erheben von Kennzahlen zur Effizienzsteigerung beiträgt
(Weinert et al. 2022, S. 238).

Die Definition, was eine Kennzahl darstellt und in welcher Form diese vorliegt,
bleibt bei traditionellen Kennzahlen wie der Eigenkapitalrendite i. d. R. übergreifend gültig. Ein großes Problem beim Einsatz von Kennzahlen im Personalbereich
ist jedoch, dass diese in den einzelnen Unternehmen häufig unterschiedlich definiert werden und hierfür nicht immer eine allgemeingültige Definition vorliegt.
Dasselbe gilt für deren Auswertung und Analyse. Außerdem gibt es im Personalbereich weniger Konsistenz in der Verwendung von Kennzahlen als bspw.
im Finanzbereich, sodass sich die „Top-Kennzahlen" im Personalbereich regelmäßig ändern. Des Weiteren werden in den meisten Unternehmen nach wie
vor lediglich die Kosten des Personalbestands abgebildet, anstatt ein ganzheitliches Bild des Personals zu zeichnen (Sacco 2022, S. 54 f.). Einige ausgewählte
Personalkennzahlen werden in Tab. 2.2 vorgestellt.

Einige Einflussfaktoren auf den Personalbereich wie bspw. die Mitarbeiterzufriedenheit können ohne großen Aufwand jedoch nur indirekt gemessen werden
(Sacco 2022, S. 21), sodass hierfür häufig Frühindikatoren oder Kennzahlen
herangezogen werden. Die Zufriedenheit kann dabei z. B. durch qualitative Mit-
arbeiterbefragungen ermittelt werden. Alternativ gelten die Krankheitsquote und
die Fluktuationsquote als Indikatoren zur indirekten Messung der Mitarbeiterzufriedenheit (Nemmer und Schuster 2022, S. 593 f.). Zusätzlich können auch die

Tab. 2.2 Ausgewählte Personalkennzahlen

Personalkennzahl	Definition
Personalkosten je Vollzeitkraft (FTE)	Personalkosten/absolute Anzahl der FTE
Anteil der Personalkosten	Personalkosten/Gesamtkosten
Krankheitsquote	Anzahl krankheitsbedingte Fehlzeiten/Anzahl an möglichen Arbeitstagen innerhalb eines Zeitraumes
Fluktuationsquote	Anzahl an Austritten/Personalbestand
Anteil qualifizierter Mitarbeiter	Anzahl von qualifizierten Mitarbeitern/Gesamtzahl der Mitarbeiter
Entwicklung von Weiterbildungsmaßnahmen	Anzahl von Weiterbildungsmaßnahmen/Anzahl der Mitarbeiter
Weiterbildungskosten	Kosten für Weiterbildungsmaßnahmen/Gesamtkosten
Entwicklung von Verbesserungsvorschlägen	Anzahl von Verbesserungsvorschlägen/Anzahl der Mitarbeiter
Umsatz pro Mitarbeiter	Umsatz/Anzahl der Mitarbeiter

Quelle: Eigene Darstellung in Anlehnung an Probst 2019, S. 187 ff.; Nemmer und Schuster 2022, S. 593 f.

freiwilligen Überstunden und die Entwicklung der Produktivität näherungsweise Aufschluss über die Zufriedenheit der Mitarbeiter geben (Probst 2019, S. 26).

Eine digitale Möglichkeit Kennzahlen als Entscheidungsgrundlage für das Management darzustellen, kann ein sog. Kennzahlen-Cockpit oder Dashboard sein (Zdrowomyslaw 2022, S. 236).

Datenvisualisierung und Kennzahlen-Dashboards 3

3.1 Einführender Überblick

Um Daten zur Entscheidungsfindung kompakt und strukturiert darzustellen, eignen sich interaktive Dashboards (Kajüter et al. 2019, S. 145). Durch eine zunehmende Datenvielfalt und diverse Darstellungsmöglichkeiten sind Dashboards ein unverzichtbares Mittel der Managementinformation (Mehlfeld und Wiener 2017, S. 161) und lösen traditionelle Berichte bspw. aus Excel (Microsoft) vermehrt ab (Baumüller et al. 2023, S. 9). Indem Daten in einem Dashboard visuell dargestellt werden und die Darstellung flexibel anpassbar ist, liefern sie einen Gesamtüberblick für verschiedenste Informationsbedarfe (Nunkesser und Thorn 2020, S. 279) und ermöglichen dem Management eines Unternehmens einen schnellen Rundumblick (Kajüter et al. 2019, S. 145 f.).

In einem Dashboard werden die Ziele der Entscheidungsverantwortlichen auf Kennzahlen heruntergebrochen (Caviezel 2020, S. 105). Ein Dashboard zielt darauf ab, einen ganzheitlichen Überblick über die zentralen Steuerungsgrößen zu geben (Kajüter et al. 2019, S. 145 f.). Die Vorteile von Dashboards liegen vor allem in der Unterstützung des Entscheidungsprozesses auf allen Ebenen, sodass die Entscheidungsqualität in der Theorie als verbessert wahrgenommen wird (Mehlfeld und Wiener 2017, S. 161; Decker et al. 2023, S. 37). Des Weiteren ermöglicht das Dashboard eine tiefergreifende Analyse, da die gesamte Datenbasis hinter dem Dashboard zur Verfügung steht (Kajüter et al. 2019, S. 146).

Die Berichte in einem Dashboard werden als Storys bezeichnet (Decker et al. 2023, S. 38), bei denen Kennzahlen und Dimensionen voneinander unterschieden werden (Schön 2018, S. 66). Um einen Sachverhalt abzubilden, können Storys mit einer freien Anzahl an Berichtsseiten und verschiedenen Abschnitten erstellt werden. Die Storys in einem Dashboard werden typischerweise als Diagramme, Filter und Tabellen aufgebaut und mit Daten aus dem Data Warehouse gespeist (Decker et al. 2023, S. 42). Durch die Anbindung an das Data Warehouse können die Berichte schnell und einheitlich mit aktuellen Daten erstellt und meist in Echtzeit („auf Knopfdruck") verfügbar gemacht werden. Für gewöhnlich werden die benötigten Daten in verschiedenen Systemen bereitgestellt, die im Data Warehouse zusammengeführt, bereinigt und gespeichert werden (Kramb und Maier 2023, S. 77 f.).

Die Werte sind die Kennzahlen, die berichtet werden. Diese Werte (z. B. Kosten) können auf Ebene ihrer Dimension differenziert werden. Dies können je nach Unternehmen bspw. Kostenstellen oder Unternehmensbereiche sein (Schön 2018. S. 47). Die Filter können sich ebenfalls auf unterschiedliche Kriterien beziehen wie z. B. die Zeit, die Hierarchien von Produkten, Kunden oder Segmenten (Gerig 2020, S. 226 f.). Durch die Vielzahl der Möglichkeiten und der zur Verfügung stehenden Daten können im digitalen Reporting mehr Details bereitgestellt werden. Hinzu kommt, dass weitere Detailinformationen bspw. über Drill-Downs aufgezeigt werden können (Isensee 2017, S. 32).

Das Dashboard wird im Unternehmenskontext häufig als Self Service Reporting ausgestaltet, damit die Entscheidungsträger die benötigten Daten zur Entscheidungsunterstützung selbstständig aufrufen können (Isensee 2017, S. 11; Oehler 2023, S. 9). Das Self Service Reporting beschreibt den Prozess des Informationsabrufs von Endanwendern, ohne dass ein weiterer Bereich dazwischengeschaltet wird (Kajüter et al. 2019, S. 144). Das Self Reporting ist entstanden, um der zunehmenden Komplexität und Dynamik mit der Reduzierung der Dauer der Entscheidungsfindung entgegenzutreten (Eisl et al. 2023, S. 43; Kramb und Maier 2023, S. 78). Damit die Entscheider sich selbst mit den benötigten Informationen versorgen können, müssen diese dazu befähigt werden, die Berichte eigenständig zu erstellen bzw. zu aktualisieren (Siedler und Gerussi 2020, S. 256). Hierfür eignen sich bspw. Berechtigungskonzepte, um Adressatengruppen dazu zu befähigen, bestimmte Informationen eigenständig abzugreifen (Schönbohm und Dymke 2020, S. 403; Baumüller et al. 2023, S. 9). Das Self Service Reporting führt dazu, dass Berichte nicht erst durch den Controller aktualisiert werden müssen, sondern direkt über ein interaktives Dashboard abgerufen werden können (Erichsen 2019, S. 7; Heupel und Reinhardt 2019, S. 124). Die Self Service Anwendungen bieten dem Management die Möglichkeit, Informationen unabhängig von Ort und Zeit abzurufen (Heupel und Reinhardt 2019, S. 124; Kajüter et al. 2019, S. 138). Die Aufgabe des Controllings wandelt sich dabei vom Berichtersteller zum Qualitätsprüfer, der die Daten entsprechend im Basissystem dem Data Warehouse überwacht und das Management so weiterhin bei der Ent-scheidungsfindung unterstützt (Kajüter et al. 2019, S. 146; Hecht und Scherrer 2020, S. 84). Des Weiteren ist das Controlling dafür verantwortlich, das Design der Berichtsseiten im Vorfeld zu definieren und bspw. das Dashboard konzeptio-nell in Zusammenarbeit mit der Business Intelligence-Abteilung zu entwickeln (Kajüter et al. 2019, S. 147).

Self Service kann in diesem Kontext unterschiedlich weit definiert werden. So können die Endnutzer entweder die Berichte selbstständig verändern oder sich über das Pull-Prinzip lediglich die benötigten Informationen abrufen (Siedler und Gerussi 2020, S. 256). Auf diese Weise können über Dashboards

- standardisierte Informationsmengen,
- eine eingeschränkte Informationsauswahl oder
- eine vollständige Informationsauswahl

ermöglicht werden (Kajüter et al. 2019, S. 145).

Bekannte Produkte zur Realisierung einer Dashboard-Lösung sind bspw. Power BI von Microsoft, die SAP Analytics Cloud oder Tableau (Oehler 2023, S. 9), die ebenfalls mobile Applikationen zur ständigen Informationsabfrage zur Verfügung stellen (Nunkesser und Thorn 2020, S. 279).

3.2   Konzeption und Aufbau von Personalkennzahlen-Dashboards

3.2.1   Arten und Aufbau von Dashboards

Wenn eine Entscheidung zur Visualisierung der Informationen getroffen wurde, können Berichte mit Daten aus dem Data Warehouse jederzeit aktualisiert werden (Hecht und Scherrer 2020, S. 89). Es stellt sich allerdings die Frage, wie Dash-boards aufgebaut sein müssen und welche Visualisierungen zielführend sind, um für die Anwender einen möglichst großen Nutzen zu bieten.

Aufgrund der diversen Möglichkeiten, ein Dashboard zur Informationsversor-gung einzusetzen, sollen nachfolgend verschiedene Konzepte zum Aufbau eines Dashboards vorgestellt werden. Zunächst muss zwischen Ad-hoc-Auswertungen und Standardberichten unterschieden werden. Während Ad-hoc-Berichte expli-zit und anlassbezogen angefragt werden und einen zusätzlichen kurzfristigen

Informationsbedarf decken, der über die zur Verfügung stehenden Standardberichte hinausgeht (Schön 2018, S. 50), werden Standardberichte regelmäßig in
standardisierter Form erstellt.

Der Fokus liegt nachfolgend auf Dashboards zur Unterstützung der Entscheidungssituation durch Standardinformationen, sodass ein Standardbericht
betrachtet wird, der mit einem Kennzahlen-Dashboard visualisiert werden kann.

Je nachdem welches Ziel mit einem Dashboard verfolgt werden soll, eignet
sich ein spezieller Aufbau bzw. Funktionsumfang zur Abbildung der jeweiligen
Informationen. Personen, die kaum mit Dashboards arbeiten und nur Informationen abfangen bspw. über die Auslastung einer Maschine, können mit einem Guided Dashboard oder einem Operational Dashboard bedient werden. Der Vorteil
eines Operational Dashboards ist die Darstellung von Ampeln und Farbmustern,
über die auf den ersten Blick klar wird, ob Handlungsbedarf besteht. Andererseits
benötigen Personen z. B. für die Erläuterung einer Abweichung von den Plan-
Kosten des eigenen Profitcenters eine entsprechende Detailtiefe. In solchen Fällen
reichen Guided Dashboards meistens nicht aus. Ohne Detailinformationen würde
das Controlling gemeinsam mit dem Profitcenter-Verantwortlichen in eine Analyse einsteigen. Daher kann für Profitcenter-Verantwortliche bspw. ein Analytical
Dashboard geeignet sein. Welches Dashboard sich am besten für das Abbilden
der Personalkennzahlen eignet, wird nachfolgend (Abschn. 3.2.2) näher beleuch-
tet. Zunächst sollen jedoch allgemeine Empfehlungen für den Dashboardaufbau
beschrieben werden, da die Art des Aufbaus eines Dashboards bzw. die zugrunde
liegenden Funktionen zur Analyse zunächst die Basis bilden. Die Informationen, die in einem Dashboard abgebildet werden, müssen einen Zusammenhang
zueinander aufweisen und sollten auf die zentrale Frage ausgerichtet sein, die
beantwortet werden soll (Oehler 2023, S. 10).

Um die Wahrnehmung von Informationen effizient zu gestalten, sollte dem
Design des Dashboards ein Konzept zur Interaktion zugrunde gelegt werden
(Baumüller et al. 2023, S. 9). Da sich der Informationsbedarf und die Anforderungen an ein Dashboard mit Blick auf die Zielgruppe unterscheiden, ist es von
großer Bedeutung beim Aufbau eines Dashboards einem einheitlichen Konzept
zu folgen, um die Komplexität zu reduzieren (Brehm et al. 2023, S. 75). Titelkonzepte geben dem Leser Struktur und Einheitlichkeit, sodass eine allgemeine
Gewöhnung an den Aufbau von Dashboard-Seiten entsteht (Mehlfeld und Wiener 2017, S. 162). So definieren Interaktionskonzepte bspw. welche Funktionen
hinter Filtern und Markierungen stehen (Baumüller et al. 2023, S. 9).

Viele Anwender benötigen Detailinformationen über Abweichungen oder
Veränderungen (Oehler 2023, S. 11), die in einem Dashboard über die Drill-
Down-Funktionen hinzugezogen werden können. Um dennoch ein Dashboard

nicht mit Informationen zu überladen und den vorhandenen Platz effizient aus-
zunutzen, empfiehlt es sich, nicht über das Sichtfeld einer Seitenansicht bspw.
am Desktop hinauszugehen, damit kein Balken zum nach unten Scrollen benötigt
wird (Mehlfeld und Wiener 2017, S. 168).

Der Mittelweg zwischen einer einheitlichen Darstellung im Dashboard und
genügend Freiheit zur Analyse stellt eine große Herausforderung dar (Decker
et al. 2023, S. 43). Ein wichtiger Hinweis ist, dass nicht jede Information grafisch
aufbereitet werden muss. Des Weiteren sorgen Filter für eine gewisse Flexibilität,
indem die Daten selbst zusammengeschnitten werden, um bspw. unterschiedliche Zeiträume oder Produktarten auszuwählen (Kramb und Maier 2023, S. 77).
Dennoch gilt es zu beachten, dass diese Filter nur ergänzend wirken und die
Kerninformationen ohne Filterauswahl bereits im Dashboard abzubilden sind
(Mehlfeld und Wiener 2017, S. 168). Bei einer Auswahl von Detailinformationen
über das Drill-Down-Menü oder das Aufrufen von Hyperlinks sind ebenfalls Frei-
gabestrukturen und Berechtigungen im Hintergrund zu überprüfen (Decker et al.
2023, S. 46). Beim Springen zwischen Seiten sollten die Parameter der vorheri-
gen Seite übernommen werden, um Verzögerungen zu vermeiden (Mehlfeld und
Wiener 2017, S. 168). Indem bspw. separate Informationen zu unterschiedlichen
Themenbereichen über weitere Seiten dargestellt werden, können die Verantwort-
lichen eines Fachbereichs über eine einheitliche Berichtsstruktur beliefert werden
(Brehm et al. 2023, S. 76).

In einem beschriebenen Titel- oder Designkonzept können auch Richtlinien
zur Visualisierung beschrieben werden. Diese unterstützen die effiziente Verarbeitung der Daten (Hofer et al. 2020, S. 160). Denn neben der konkreten Wahl
von Kennzahlen, die abgebildet werden, um die Ziele zu operationalisieren, ist
die Gestaltung eines Dashboards eine zentrale Komponente für dessen Erfolg und
dessen Nutzen (Baumüller et al. 2023, S. 9).

3.2.2 Design eines Personalkennzahlen-Dashboards

Ein Personalkennzahlen-Dashboard bildet nicht das Gesamtunternehmen oder
dessen finanzielle Entwicklung ab. Stattdessen liegt der Fokus eines
Personalkennzahlen-Dashboards auf der Abbildung eines Teilbereiches des Unternehmens, mit dem ein Überblick erzeugt werden soll, wie der HR-Bereich das
Gesamtunternehmen beeinflusst (Nunkesser und Thorn 2020, S. 283; Personio
2024).

Je nach Zweck, für den das Dashboard zur Verfügung gestellt wird, eignet
sich eine andere Darstellungsweise und ein anderer Informationsumfang. Daten

stellen wie bereits mehrfach beschrieben einen gezielt einzusetzenden Treiber dar, mit dem Entscheidungen schneller und objektiver getroffen werden können (Willmes et al. 2015, S. 258). Das Gleichgewicht zwischen Flexibilität und Struktur sollte in einem Dashboard erhalten bleiben, um das Management selbst dazu zu befähigen, Informationen abzurufen und gleichzeitig nicht mit Informationen zu überladen.

Im Personalbereich liegen unterschiedliche Betrachtungsmöglichkeiten zu Grunde und es bestehen diverse Möglichkeiten, diesen Teilbereich eines Unternehmens zu steuern. Personalfragen bewegen sich dabei stets im Kontext zwischen Wirtschaftlichkeit als Auswirkung auf den Erfolg eines Unternehmens und den Zielen der Personalarbeit bspw. im Hinblick auf die Zufriedenheit der Mitarbeiter (Drumm 2000, S. 11). Um strategische Ziele der Personalarbeit und die Messung dieser mithilfe von Kennzahlen miteinander zu verknüpfen und Maßnahmen hieraus abzuleiten, eignet sich am besten eine Balanced Scorecard als Kennzahlensystem. Diese verbindet die Ziele und die Kennzahlen verschiedener Perspektiven miteinander und zusätzlich können hieraus Handlungsempfehlungen abgeleitet (Scholz und Scholz 2019, S. 436) sowie nicht-monetäre Kennzahlen hinzugezogen werden (Zdrowomyslaw 2022, S. 235). Aus diesem Grund kann es hilfreich sein, die Kennzahlen auch in Form einer Balanced Scorecard im Dashboard abzubilden. Hierfür eignet sich das Scorecard Dashboard. Indem das Dashboard in unterschiedliche Quadranten zur Abbildung der Dimensionen der Balanced Scorecard unterteilt wird, können sich die Nutzer gut und schnell orientieren. Wenn im Unternehmen bereits eine Balanced Scorecard vorliegt und zur Maßnahmenplanung eingesetzt wird, ist die Darstellung der Zielüberwachung über ein Dashboard dazu geeignet, um einen schnellen Überblick zu geben. Für die einzelnen Ziele der Perspektiven sollten dabei konkrete Kennzahlen ausgewählt werden. Anhand dieser Kriterien wird daher das Scorecard Dashboard empfohlen, um den Fachbereich Personalmanagement abzubilden und die Entwicklung des Mitarbeiterstamms zu analysieren. Denn ein wesentlicher Vorteil dieses Dashboard-Designs ist die Verbindung von Kennzahlen, Zielen und nachgelagerten Maßnahmen, bei einer unzureichenden Zielerfüllung.

3.2.3   Kennzahlen im Personalcontrolling – Von quantitativ bis qualitativ

Wie bereits erwähnt, wird die HR Scorecard mit Zielen und Maßnahmen als Basis des Personalkennzahlen-Dashboards verwendet, um zu erläutern, welche Kennzahlen abzubilden sind. Bei einer Balanced Scorecard werden Kennzahlen zur Operationalisierung der Ziele und Überwachung der Strategieimplementierung eingesetzt (Sacco 2022, S. 38). Nachfolgend soll beschrieben werden, wie die Dimensionen einer Balanced Scorecard sich von denen einer HR Scorecard unterscheiden und welche Kennzahlen sich exemplarisch eignen, um die Dimensionen der HR Scorecard abzubilden. Hierfür werden den Dimensionen beispielhaft einzelne Kennzahlen zugewiesen und erläutert, welche Funktionen diese erfüllen können. Dies ist als vereinfachtes Beispiel zu verstehen und muss je nach Unternehmenssituation angepasst werden.

Im Personalcontrolling sollen die Ziele eines Unternehmens bezogen auf den Mitarbeiterstamm überwacht und gesteuert werden. Da es beim Personal bei Weitem nicht nur finanzielle Ziele gibt, die im Fokus stehen, müssen neben Finanzkennzahlen (bspw. Personalkosten, Anzahl von Mitarbeitern) auch weiche Faktoren wie z. B. die Zufriedenheit der Mitarbeiter berücksichtigt werden (Zdrowomyslaw 2022, S. 232 ff.). Hierfür eignet sich u. a. eine Balanced Scorecard, da diese finanzielle und nicht-finanzielle Kennzahlen miteinander verknüpft und auf die Ziele und die Strategie eines Unternehmens ausgerichtet ist (Nemmer und Schuster 2022, S. 595; Zdrowomyslaw 2022, S. 235). Die Perspektiven der Balanced Scorecard unterscheiden sich jedoch etwas von denen einer HR Scorecard, da der Fokus des Gesamtunternehmens auf den Teilbereich Personal gelenkt wird (Abb. 3.1).

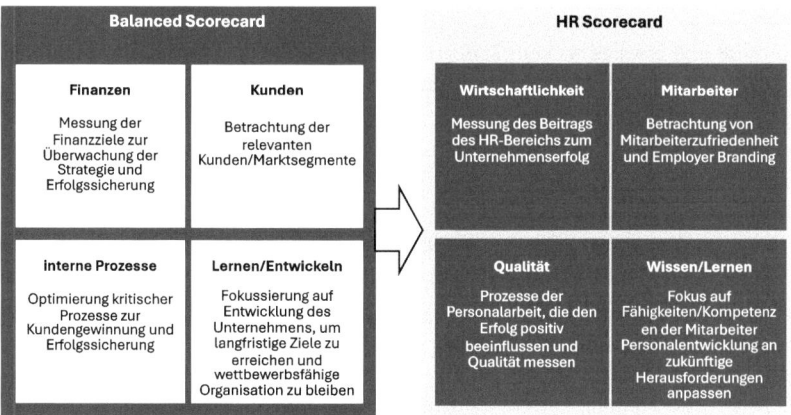

Abb. 3.1 Balanced Scorecard vs. HR Scorecard. (Quelle: Eigene Darstellung in Anlehnung an Kaplan und Norton 1992; Lietz 2019; Lehrle 2024)

Indem die Perspektiven auf den Personalbereich bezogen und leicht abgewandelt werden, ergeben sich in der HR Scorecard die Perspektiven Wirtschaftlichkeit, Mitarbeiter, Qualität sowie die Wissens-/Lernperspektive. Das Ziel des Einsatzes einer HR Scorecard ist dabei vor allem die Steigerung der Effizienz der Personalarbeit, um die strategische Bedeutung dieser für Unternehmen zu verbessern (Hasenfratz 2021).

Die Auswahl geeigneter Kennzahlen ist hierbei eine der zentralen Herausforderungen für das Abbilden der vorliegenden Ziele. Wenn diese Ziele über ein Dashboard betrachtet werden sollen, muss daher zunächst geklärt werden, welche Ziele mit welchen Kennzahlen visualisiert werden können. Eine Vorgabe zur Anzahl der zu implementierenden Kennzahlen gibt es nicht. Allerdings ist es sinnvoll, so wenige Kennzahlen wie möglich und so viele wie nötig einzubinden, um den Informationsbedarf bestmöglich befriedigen zu können (Nemmer und Schuster 2022, S. 595).

Der Personalbereich besteht aus verschiedenen Teilaspekten, die betrachtet werden müssen:

- die Personalstruktur,
- die Personalbeschaffung,
- die Personalentwicklung,
- die Mitarbeiterbindung und
- die Personalkosten (Personio 2024).

Für diese und etwaige weitere Teilbereiche müssen die richtigen Kennzahlen ausgewählt werden, um die Ziele des Unternehmens im Hinblick auf die Mitarbeiter adäquat abzubilden. Für die meisten Unternehmen stehen bspw. auch hier die Kosten weiterhin im Fokus der Betrachtung. Allerdings sollten diese zwingend durch weitere Kennzahlen ergänzt werden, um die Entwicklungen ganzheitlich abzubilden.

Um ein Verständnis für die Auswahl von Kennzahlen zu erhalten, werden beispielhaft konkrete Kennzahlen vorgestellt, um einzelne Ziele der jeweiligen Perspektiven abzubilden (Abb. 3.2). Wichtig ist dabei, dass diese Kennzahlen an den Unternehmenszielen auszurichten sind. Bei einem Ziel wie bspw. die Mitarbeiterbindung im Jahr 2024 um 1,5 % zu steigern, könnten u. a. Kennzahlen über die Mitarbeiterbindung wie die Zufriedenheit, die Krankenquote und die Ausfallzeiten berücksichtigt werden. Je nach Perspektive können sich so unterschiedliche Schwerpunkte ergeben.

Abb. 3.2 Beispielhafte HR Scorecard. (Quelle: Eigene Darstellung in Anlehnung an Lehrle 2024)

Es wird ersichtlich, dass es eine Vielzahl an Möglichkeiten gibt, verschiedene Kennzahlen abzubilden, die auf die Ziele und Strategien des Unternehmens ausgerichtet werden müssen.

3.3 Richtlinien zur Visualisierung

3.3.1 Grundlagen

In den vorausgehenden Kapiteln wurde erläutert, welche Daten und Informationen in ein Personalkennzahlen-Dashboard implementiert werden können, um bestimmte Ziele abzubilden und zu überwachen. Erst wenn klar ist, welche Inhalte und Informationen in einem Dashboard ausgewiesen werden sollen, kann über ein Konzept zur Visualisierung nachgedacht werden. Denn unterschiedliche Kennzahlen werden über unterschiedliche visuelle Darstellungen zur Geltung gebracht. Das Ziel eines Dashboards sollte es – mit Blick auf den Adressatenkreis – immer sein, die richtigen Informationen in der richtigen Darstellungsform abzubilden und dabei eine unmissverständliche Interpretation zu ermöglichen

(Wolff 2020, S. 76). Die Visualisierung ist dabei eines der geeignetsten Kommunikationsmittel (Hofer et al. 2020, S. 160). Denn 80 % aller Informationen werden beim Menschen über das Auge verarbeitet, sodass visuelle Aufbereitungen von Informationen dem Leser eines Berichtes das Verständnis des Inhalts – teils erheblich – erleichtern (Wolff 2020, S. 76). Hinzu kommt, dass Visuelles vom Menschen schneller verarbeitet wird (Hofer et al. 2020, S. 160). In Eye-Tracking-Analysen, in denen die Augenbewegungen in Dashboards aufgezeichnet und analysiert wurden, zeigte sich, dass komprimierte Informationen unterteilt in (bis zu sechs) Abschnitte über Dashboards die Effizienz der Informationsaufnahme im Vergleich zu einer separaten Abbildung steigern können (Eisl et al. 2020, S. 59).

Wie bereits erläutert, eignen sich Titelkonzepte zur Erleichterung des Verständnisses. Zur Visualisierung sollte ein einheitliches Design-Konzept gewählt werden, sog. Reporting-Leitlinien, in denen der Aufbau, das System sowie das Layout der Dashboards definiert werden (Wettstein und Caderas 2020, S. 70 ff.). Indem ein übergreifendes Konzept zum Aufbau und zur Darstellung eines Dashboards vorliegt, wird der Informationsbereitstellung ein Rahmen bei den vielfältigen Möglichkeiten gegeben, sodass die Anwenderfreundlichkeit für Benutzer erhöht wird (Isensee 2017, S. 34). Denn es spielt eine erhebliche Rolle für die Wahrnehmung eines Anwenders, welche Form, Position, Farbe oder auch Textur ein Objekt oder eine Abbildung aufweist (Seiter 2017, S. 63).

So wurde mit den International Business Communication Standards bereits ein Konzept entwickelt, das Richtlinien zur optimalen Visualisierung in einem Dashboard beinhaltet (Schneider 2022, S. 78) und gleichzeitig für gedruckte Berichte verwendet werden kann (Wettstein und Caderas 2020, S. 73). Das Ziel dieser Richtlinien ist ein hoher Informationsgehalt gepaart mit einer hohen Benutzerfreundlichkeit (Bliznak 2017, S. 155).

Eine optimale Lösung zur Visualisierung ist jedoch nicht universell (Kajüter et al. 2019, S. 146). In den Titelkonzepten können bspw. Tabellen, Farben und Beschriftungen festgelegt werden, die die Informationsversorgung verbessern (Bliznak 2017, S. 155). Zu einer einheitlichen Darstellung gehört es jedoch ebenfalls, die Positionierung von Elementen auf der Dashboardseite sowie Abkürzungen etc. im Vorfeld zu fixieren (Wettstein und Caderas 2020, S. 73). Standardgemäß wird bspw. empfohlen, dass Kerninformationen oben links angeordnet werden sollten, da dies aufgrund der Leserichtung der erste Bereich ist, auf den der Blick fällt (Eisl et al. 2020, S. 59). Des Weiteren wird empfohlen, die Kernaussage jedes Berichtsausschnittes zusammenzufassen und als Überschrift für die entsprechenden Diagramme (als Action-Title) zu nutzen (Fiedler 2024, S. 63).

Generell sollten auf einer Dashboardseite immer nur solche Informationen abgebildet werden, die unmittelbar auf die zugrunde gelegte Fragestellung abzielen. Denn ein gutes Dashboard orientiert sich immer an der zentralen Fragestellung und dem Informationsgehalt (Oehler 2023, S. 10). Des Weiteren sollten Dashboards flexibel gestaltet sein, damit der Informationsgehalt an einen veränderten Bedarf angepasst werden kann, indem bspw. grafische Darstellungen veränderbar sind. Gleichzeitig sollten Dashboards eine einheitliche Struktur besitzen, um das Verständnis zu verbessern (Reichmann et al. 2017, S. 87 f.). Indem vordefinierte Berichtsseiten als Basis eines Dashboards genutzt werden und Endanwender mit individuellen Anforderungen ihre Anpassungen über Filter und Drill-Downs vornehmen können (Isensee 2017, S. 34), kann ein gutes Maß aus Struktur, Einheitlichkeit und Flexibilität geboten werden.

Für Dashboards der operativen Ebenen ist es bspw. sinnvoll, Kennzahlen und Informationen abzubilden, die diese beeinflussen können, um zielgerichtete Entscheidungsgrundlagen zu erzeugen und eine Informationsüberladung zu vermeiden (Wettstein und Caderas 2020, S. 71). Aus diesem Grund eigenen sich neben Titelkonzepten ebenfalls Storytelling Frameworks, in denen definiert wird, welche Rolle der Entscheider hat und welche Informationen dieser benötigt (Mehlfeld und Wiener 2017, S. 169).

3.3.2 Gestaltung von Grafiken

Damit die Entscheidungsträger möglichst effizient entscheiden können, benötigen sie die Informationen in einer geeigneten Form, sodass sich neben den Informationen selbst auch die Frage nach der Art einer geeigneten Darstellung aufdrängt (Nunkesser und Thorn 2020, S. 271). Vor allem die visuellen Elemente wie Farben und Positionen sollten standardisiert werden, um den Anwendern die Erfassung von Inhalten zu erleichtern (Bliznak 2017, S. 155).

Probleme, die im Rahmen der Visualisierung auftreten können, sind bspw. eine zu hohe Komplexität der Informationen oder eine Überfrachtung. Eine zu hohe Komplexität im Dashboard kann reduziert werden, indem die zur Verfügung stehende Fläche der Dashboardseite (Bildschirm, iPad oder ähnliches) sinnvoll verwendet und automatisch an die Gerätegröße angepasst wird. Relevante Informationen sowie Key Facts könnten farblich hervorgehoben werden, um diese auf den ersten Blick wahrzunehmen und die Überladung mit Reizen zu reduzieren (Bliznak 2017, S. 155). Die Informationen in einem Dashboard, die sich aufeinander beziehen, sollten zudem zusammenhängend abgebildet werden, indem diese bspw. gruppiert werden (Bliznak 2017, S. 155; Eisl et al. 2020, S. 59).

Des Weiteren reduziert es die Komplexität eines Dashboards, wenn die Informationen aufeinander aufbauen (Bliznak 2017, S. 155). Einheitlichkeit reduziert ebenfalls die Komplexität, sodass die gleichen Icons in allen Storys die gleichen Funktionen aufweisen (bspw. Lupen für Zusatzinformationen) (Bliznak 2017, S. 155; Mehlfeld und Wiener 2017, S. 162) und die Farben ebenfalls einheitlich verwendet werden sollten (Bliznak 2017, S. 155). Denn eine zu hohe Komplexität führt dazu, dass ein Anwender das Dashboard nicht effizient nutzen kann oder dieses ggf. erst gar nicht nutzt.

Eine Überladung des Dashboards ist ebenfalls zu vermeiden, wobei gleichzeitig genügend Details geliefert werden müssen. Das Gleichgewicht zwischen zu vielen Informationen auf der einen Seite und einem begrenzten Platz im Dashboard auf der anderen Seite einzuhalten, stellt eine wesentliche Herausforderung dar. Die Informationen sollten daher am besten verdichtet und nur wenn nötig separat visualisiert werden. Des Weiteren empfiehlt sich eine effiziente Nutzung der Fläche und die Vermeidung von zu großen Leerräumen (Bliznak 2017, S. 155). Es sei zudem darauf hingewiesen, dass vor allem auf mobilen Endgeräten der Platz im Dashboard begrenzt ist.

Grafiken und Tabellen benötigen zudem eine geeignete Beschriftung, um deren Verständnis zu erleichtern. Allerdings sollten nur so wenige Beschriftungen wie nötig verwendet werden. Des Weiteren ist es empfehlenswert, Skalierungen von Grafiken einheitlich abzubilden, damit diese bereits auf den ersten Blick miteinander vergleichbar sind (Bliznak 2017, S. 155). In Grafiken und Diagrammen sollten absolute Werte nach den International Business Communication Standards fett und relative Größen normal abgebildet werden (Mehlfeld und Wiener 2017, S. 165).

Durch die richtige Farbauswahl kann die Aufmerksamkeit der Leser ebenfalls gesteuert werden, sodass sich Farben wie z. B. Rot/Grün/Lila dazu eignen, um Highlights zu setzen (Eisl et al. 2020, S. 59). Indem Farben für Abweichungen und bestimmte Zahlenarten wie bspw. für das Vorjahr definiert werden, können sich die Anwender an dieser Farbgebung routiniert orientieren, ohne kontinuierlich Legenden zu lesen (Fiedler 2024, S. 63).

Eine weitere Empfehlung für Dashboards ist, dass die Kernaussage eines Berichts in drei Sekunden erkennbar sein sollte, um dessen Effizienz zu belegen (Bliznak 2017, S. 155). Zusätzlich sollten Grafiken und Diagramme so gestaltet sein, dass die Informationsdichte bei einer angemessenen Komplexität möglichst hochgehalten wird (Fiedler 2024, S. 63).

Durch die Definition der Icons bspw. zum Erhalt von Zusatzinformationen wird die Navigation in den Berichten vereinfacht. Allgemein ist es von Bedeutung, dass Aktionen eine Reaktion im Bericht auslösen und dem Anwender angezeigt werden (Mehlfeld und Wiener 2017, S. 162).

Die Visualisierung kann u. a. durch Kommentare unterstützt werden, indem Kernbotschaften in diesen hervorgehoben werden (Eisl et al. 2020, S. 57). Abweichungen und Vergleiche sind essenziell für Entscheidungen, da ohne Relation ein Einzelwert nicht oder nur schwer interpretiert werden kann. Aus diesem Grund muss bedacht werden, dass Abweichungen den Aussagegehalt einer Grafik verbessern und daher mit abgebildet werden sollten, um den Entscheidern eine umfassende Informationsgrundlage zu bieten. Abweichungen können dabei separat oder in der Basisdarstellung integriert werden. Bei einer integrierten Darstellung zeigen sich vor allem durch ein ganzheitliches Abbild einer Entwicklung Vorteile, da etwaige Veränderungen in einer Abbildung vermittelt werden (Wolff 2020, S. 77 f.).

3.3.3 Arten von Grafiken

Tabellen sind laut einer Studie von Wegener/Faupel aus dem Jahr 2018 das vorrangige Instrument im Reporting, sodass 85,7 % der befragten Unternehmen bereits zu dieser Zeit, Tabellen als beliebteste Darstellungsform einsetzten. Durch eine tabellarische Darstellung werden diverse Informationen oder Zeitreihen abbildbar, sodass der Informationsgehalt einer Tabelle hoch sein kann und über selbstständige Vergleiche einzelner Werte Trends aufgedeckt werden können. Aufgrund der unterschiedlichen Endgeräte können Tabellen auf mobilen Endgeräten weniger gut abgebildet werden, sodass für ein Dashboard Tabellen nicht immer zielführend sind. Diagramme können hingegen visuell schneller erfasst werden und durch die Darstellung einzelner Datenpunkte direkt in Relation zueinander gebracht werden (Nunkesser und Thorn 2020, S. 271; Wolff 2020, S. 76).

Mit diesen Erkenntnissen zeigt sich, dass Tabellen eher für das Verarbeiten von Detailinformationen geeignet sind, wenn der Entscheider Vorwissen mitbringt und das eigene Wissen mit den dargestellten Informationen verknüpfen kann, wie bspw. für die Aufschlüsselung des Betriebsergebnisses (Kajüter et al. 2019, S. 147). Wenn also auf besondere Details Wert gelegt wird, sollten Daten in Tabellen aufbereitet werden, um den Zugriff auf Detailinformationen zu ermöglichen (Wolff 2020, S. 78).

Diagramme werden hingegen empfohlen, wenn der Entscheidungsträger Unterschiede im Zeitvergleich bewerten möchte, da durch visuelle Reize Informationen schnell und übersichtlich vermittelt werden können. Dies wird ermöglicht, indem Perioden bspw. im direkten Vergleich zueinander abgebildet werden (Kajüter et al. 2019, S. 147). In Diagrammen werden Abweichungen und Veränderungen eindeutiger hervorgehoben, um den Empfänger schneller abzuholen (Eisl et al. 2020, S. 57).

Eine Variation von einfachen Tabellen können grafische Tabellen sein, in denen Symbole wie Pfeile, Ampeln oder Trendlinien (Sparklines) eingesetzt werden, um Entwicklungen oder Veränderungen schneller sichtbar zu machen (Eisl et al. 2020, S. 57). Ein wesentlicher Vorteil dieser kleinen visuellen Ergänzungen sind klar erkennbare Veränderungen bspw. auf der Standortebene, die Aufschluss darüber geben, wie sich diese z. B. über die Zeit hinweg entwickeln (Mehlfeld und Wiener 2017, S. 165).

Neben der Frage, ob Tabellen oder Diagramme verwendet werden sollen, stellt sich zudem die Frage nach der generellen Auswahl einer Visualisierungsform, denn Diagramme können in klassische Geschäftsgrafiken (z. B. Balken-, Säulen und Liniendiagramme) sowie Karten oder multidimensionale Darstellungsformen (bspw. Heatmaps) unterteilt werden (Hofer et al. 2020, S. 161).

In den International Business Communication Standards werden bspw. Säulendiagramme für Zeitreihen empfohlen, während Strukturen wie bspw. Produkte eher mit Balkendiagrammen auf einer vertikalen Achse abgebildet werden sollten. Liniendiagramme werden hingegen weniger empfohlen, da eine Ergänzung um Abweichungen nicht möglich ist, stattdessen werden diese für das Abbilden von verschiedenen Szenarien vorgeschlagen (Wolff 2020, S. 77). Eine schnelle Orientierung bei der Analyse von Abweichungen bieten u. a. Diagramme mit Soll-Ist-Vergleichen an, die bspw. anhand einer Ampeldarstellung kategorisiert werden (Nemmer und Schuster 2022, S. 596).

Im Gegensatz dazu können Microcharts ergänzende Informationen abbilden, indem Säulendiagramme als Zusatz aufzeigen, ob der Einzelwert im Zeitvergleich einen Ausreißer darstellt. Mithilfe des Klickens bspw. auf eine Kostenposition kann das Zusatzdiagramm vergrößert auf einer separaten Übersicht dargestellt werden (Mehlfeld und Wiener 2017, S. 165).

Im Allgemeinen sollten nicht zu viele verschiedene Grafikarten verwendet werden und nach Möglichkeit gleichartige Diagramme zum Einsatz kommen, um Irritationen zu vermeiden (Eisl et al. 2020, S. 59). Eine optische Einheitlichkeit der Abbildungen und des Aufbaus trägt zur Struktur und zu einem schnelleren Verständnis der dargestellten Inhalte bei (Fiedler 2024, S. 63). Dennoch sind neuartige Visualisierungsformen durch Business Analytics bei der

Auswahl der Darstellungsformen zu berücksichtigen (Seiter 2017, S. 63). Eine Tree-Map kann bspw. zusammenhängende Werte eines Geschäftsbereiches miteinander verbinden, sodass Vergleiche zum Vorjahr oder Plan mit verschiedenen Farben hervorgehoben werden können (Mehlfeld und Wiener 2017, S. 175). Allerdings müssen optische Highlights und eine besondere grafische Aufbereitung bspw. in Heatmaps nicht gleichzeitig mit einer effizienten und effektiven Informationsbereitstellung einhergehen (Eisl et al. 2020, S. 59).

Wenn weitergehend keine eindeutige Entscheidung für eine Darstellung möglich ist, da mehrere Ebenen wie der Zeitvergleich sowie ein Strukturaufriss benötigt werden, gibt es zwei Möglichkeiten (Wolff 2020, S. 77):

1. eine der Ebenen wird priorisiert und im Dashboard abgebildet, während die andere Komponente als Aufriss in einer ergänzenden Darstellung erfolgt oder
2. beide Sichtweisen werden in separaten Diagrammen abgebildet.

Sobald ein Diagrammtyp ausgewählt wurde, müssen die Informationen möglichst einfach abgebildet werden (Eisl et al. 2020, S. 58). Durch die vielen Möglichkeiten, Dashboards einzusetzen und die zur Verfügung stehenden Daten darzustellen, müssen der Nutzen des Aussagegehaltes und der Aufwand der Erstellung gegeneinander abgewogen werden (Isensee 2017, S. 32). Denn am Ende muss der zusätzliche Informationsgewinn immer in einem angemessenen Verhältnis zum damit verbundenen Aufwand stehen.

3.4 Dashboard-Usability

Damit die Entscheidungsträger die Informationen in einem Dashboard auch tatsächlich verwenden und zur Entscheidungsfindung heranziehen, muss eine hohe Benutzerfreundlichkeit gegeben sein (Hofer et al. 2020, S. 106). Dies umfasst die Bedienung und das Aussehen eines Dashboards.

Zur einfachen Gestaltung der Benutzeroberfläche gehören ebenfalls die Funktionalitäten (bspw. von Filtern), sodass diese nur eingesetzt werden sollten, wenn sie einen Mehrwert für die Kernfrage des Dashboards liefern (Gerig 2020, S. 217). Die Navigation und die Interaktionsmöglichkeiten sind Kernelemente eines Dashboards, sodass diese dem Benutzer klar und bekannt sein sollten (Brehm et al. 2023, S. 78). Das Design eines Dashboards korreliert mit der gefühlten Benutzerfreundlichkeit, sodass dieses von besonderer Bedeutung ist (Isensee 2017, S. 68).

Da Dashboards nicht nur auf Bildschirmen im Büro abgerufen werden, sondern sich aufgrund ihrer Flexibilität vor allem auch für mobile Endgeräte eignen, sollte die Darstellung auf diese Ausgabemedien angepasst werden (Eisl et al. 2020, S. 59). Eine Herausforderung dabei stellt der reduzierte Platz dar, sodass die Benutzerfreundlichkeit ein zentrales Ziel ist und bei der Gestaltung verschiedene Endgeräte zwingend berücksichtigt werden sollten (Nunkesser und Thorn 2020, S. 284). Das Abbilden komplexer Datenstrukturen auf reduzierten Bildschirmflächen beschränkt ebenfalls die Usability, sodass eine Lösung hierfür geschaffen werden muss. Automatische Anpassungen an veränderte Ausgabemedien könnten hier Abhilfe schaffen (Bange et al. 2017, S. 71). Diese werden durch ein responsives Design, wie es in der Webentwicklung üblich ist, ermöglicht.

Der Fokus eines Dashboards sollte auf der Unterstützung der Entscheidungsfindung liegen, sodass alle notwendigen Informationen im Kontext der Problemstellung abgebildet werden (Isensee 2017, S. 66). Dennoch gilt es, einen Informations-Overload zu vermeiden, indem das Dashboard nicht aus zu vielen Seiten und Kacheln zur Visualisierung besteht. Dashboards sollten so viel wie möglich, aber gleichzeitig so wenig wie nötig abbilden (Brehm et al. 2023, S. 80).

Durch Business Analytics und Business Intelligence gibt es mittlerweile viele Möglichkeiten zur Nutzung von Daten und Dashboards. Dennoch sollten Unternehmen den Fokus anstatt auf die reinen Möglichkeiten auf das legen, was benötigt wird, um gezielte Entscheidungen zu treffen (Mehlfeld und Wiener 2017, S. 176). Diese Anforderungen an ein Dashboard können durch Usability-Regeln und ein Titelkonzept ergänzt werden.

Die Nutzerfreundlichkeit kann neben einer einfachen Handhabung ebenfalls durch mehr Flexibilität gesteigert werden. Wenn die Entscheider die Berichte im Self-Service-System selbstständig an ihren Informationsbedarf anpassen können, nehmen diese den Nutzen der Berichte deutlicher wahr. Indem Erwartungen und Anforderungen an ein Dashboard im Vorfeld abgefragt werden, kann der wahrgenommene Nutzen im Management sowie die Akzeptanz eines Berichts gesteigert werden (Brehm et al. 2023, S. 76 ff.).

Wichtig für die Akzeptanz von Dashboards ist eine schnelle Ladezeit, um eine hohe Entscheidungsgeschwindigkeit und Vertrauen in die Berichte zu ermöglichen (Reichmann et al. 2017, S. 88; Gerig 2020, S. 217). Damit dies gegeben ist, können im Hintergrund Querys angelegt werden, die alle Dimensionen und Kennzahlen zur Verfügung stellen und in das Dashboard transportieren, anstatt diese im Dashboard selbst zu ermitteln (Brehm et al. 2023, S. 80).

Einsatz von Dashboards im Personalcontrolling in der Praxis

4

4.1 Der Entscheidungsprozess in der Theorie

Nachdem erläutert wurde, wie Dashboards aufgebaut und welche Richtlinien zur Visualisierung eines Dashboards zu beachten sind, soll im Folgenden erläutert werden, wie Entscheidungen im betrieblichen Kontext getroffen werden. Denn erst wenn klar ist, wie Entscheidungen Zustande kommen, können Dashboards gezielt hierfür konzipiert und eingesetzt werden.

Die auf Entscheidungen ausgerichtete Betriebswirtschaftslehre fokussiert sich auf die Definition und den Prozessablauf einer im Unternehmenskontext getroffenen Entscheidung (Güler 2021, S. 25). Zur Entscheidung werden Daten benötigt, die als Informationen zur richtigen Zeit und in der richtigen Form bereitgestellt werden (Natterer und Jattke 2022, S. 25). Daten und Informationen sollten für eine Entscheidung voneinander getrennt werden. Daten sind unstrukturiert und zweckungebunden, sodass erst mit einer zweckgebundenen Verarbeitung die vorhandenen Daten zu Informationen transformiert werden (Becker et al. 2015, S. 263). Das bedeutet, dass Daten interpretiert, selektiert und ausgewertet sowie zusammengeführt werden, um daraus die bedeutende Ressource, die Information, zu gewinnen (Grönke und Heimel 2015, S. 242; Baumöl et al. 2017, S. 43). Im unternehmerischen Kontext dient das Controlling zur Versorgung des Managements mit Informationen, damit diese zielgerichtet eingesetzt werden können (Becker et al. 2015, S. 263). Trotz der kontinuierlichen Veränderung der Möglichkeiten durch Big Data und neue Technologien stehen laut der CFO Indicator Survey ca. 49 % der CFOs nicht die Informationen zur Verfügung, die sie für eine schnelle datenbasierte Entscheidung benötigen würden (Mens 2022, S. 37).

Um eine Entscheidung zu treffen, wird stets ein Prozess durchlaufen, an dessen Ende eine Auswahl steht (Becker et al. 2015, S. 264). Dabei gilt es zu beachten,

M. Winkelmann et al., *Visualisierung von Personalkennzahlen über Dashboards*, essentials, https://doi.org/10.1007/978-3-658-48902-1_4

dass das Treffen einer Entscheidung stets unter Unsicherheit erfolgt (Lohmann und Crasselt 2022, S. 1171). Das Ziel der betrieblichen Entscheidung sollte daher eine größtmögliche Objektivität und Rationalität sein, die sich dadurch bestimmt, dass der Entscheider auf Basis von Informationen und Zielen eine Auswahl trifft. Allerdings fließen Präferenzen und subjektive Wahrnehmungen bei Entscheidungen durch Menschen unweigerlich in die Entscheidungsfindung mit ein, sodass in der Praxis keine rein rationale Wahl einer Alternative möglich ist (Güler 2021, S. 25 f.).

In einem idealtypischen Prozess begründet sich die Entscheidung mit logischen und statistischen Theorien (Güler 2021, S. 26). Zu Beginn einer Entscheidungssituation wird der Kontext betrachtet, indem ungerichtete Fragen gestellt werden (Decker et al. 2023, S. 40). Nachdem der benötigte Bedarf an Informationen definiert wurde, kann das Controlling mit Business Intelligence auf die zur Verfügung stehenden Datenquellen zugreifen. Mit einer einheitlichen Datenquelle kann der Zeitaufwand im Hinblick auf das Sammeln und Zusammenführen mehrerer Subsysteme reduziert werden (Kramb und Maier 2023, S. 77).

Da die zukünftigen Entwicklungen im Unternehmensumfeld nicht risikolos prognostiziert werden können, sind Entscheidungen stets mit Unsicherheiten und Risiken behaftet, sodass es zu Planabweichungen kommen kann (Gleißner 2022, S. 932). Entscheiden bedeutet, zwischen einzelnen Handlungsmöglichkeiten eine Wahl zu treffen und andere Chancen auszuschlagen bzw. abzulehnen (Becker et al. 2015, S. 264). Da Alternativen zur Auswahl stehen, die das Umfeld und das Unternehmen an sich beeinflussen, müssen die Folgen einer Entscheidung bspw. in einer Risikoanalyse bewertet werden (Gleißner 2022, S. 933).

Risiken im Unternehmenskontext beschreiben die möglichen Unsicherheiten von Ergebnissen in der Zukunft, die durch die Entscheidungsfindung beeinflusst werden (Lohmann und Crasselt 2022, S. 1172). Zusätzlich ist das Unternehmensumfeld von Veränderungen geprägt, sodass Risiken mithilfe eines Risikomanagements bewertet werden, um diese vorherzusagen und steuerbar zu machen (Gleißner 2022, S. 932). Im Kontext der Entscheidungsfindung werden Risiken als Differenzzustand zum Zielzustand beschrieben (Lohmann und Crasselt 2022, S. 1172). Häufig fehlt jedoch die Bewertung von Risiken durch Fehlentscheidungen oder Abweichungen von Zielzuständen im Risikomanagement. Aus diesem Grund ist es sinnvoll, Risiken in das Berichtswesen einzubinden, um die Entscheidungsqualität zu verbessern (Vanini 2022, S. 272 ff.).

Entscheidungen nehmen kontinuierlich an Komplexität zu und Instrumente können und sollen den Prozess bis zur Auswahl unterstützen. Im Anschluss an die Auswahl einer Möglichkeit steht die Umsetzung einer Entscheidung, sodass der Entscheidungsträger einen gebildeten Willen umsetzen muss (Becker et al. 2015, S. 264 ff.).

In der Entscheidungsfindung werden Modelle der präskriptiven und deskriptiven Entscheidungstheorie unterschieden (Laux et al. 2018, S. 3; Güler 2021, S. 25). Die präskriptive Entscheidungslehre beschreibt, dass Entscheidungen unter der Berücksichtigung von Prämissen und mit Rationalität getroffen werden. Der Fokus einer präskriptiven Entscheidung liegt auf der Beschreibung der Entscheidungsfindung durch normative Aussagen (Güler 2021, S. 25). Zu betonen ist hierbei, dass die Situation abstrahiert wird, um die getroffene Entscheidung rational zu begründen, anstatt den tatsächlichen Entscheidungsprozess in der Realität zu beschreiben (Laux et al. 2018, S. 4). Eine rationale Entscheidung wird auf Basis eines konsistenten Ziels getroffen, sodass subjektive Empfindungen nicht in diesen Prozess einfließen, sondern ein methodisches Vorgehen zugrunde gelegt wird (Güler 2021, S. 25). Zur Bewertung einer Entscheidung im präskriptiven Modell werden die Komponenten Effizienz und Effektivität herangezogen (Güler 2021, S. 26). Des Weiteren bedarf es eines Ziels, um bei verschiedenen Handlungsalternativen eine rationale Wahl zu treffen (Laux et al. 2018, S. 18).

Demgegenüber steht das deskriptive Entscheidungsmodell. Diese Theorie besagt, dass Entscheidungen nicht rein rational getroffen werden können, da der Mensch nur begrenzt aufnahmefähig ist und Informationen nur beschränkt verarbeiten kann (Güler 2021, S. 26). Das Ziel dieser Theorie ist die Beschreibung der Entscheidungsfindung in der Realität, um bei einem Ausgangsproblem die Auswahl durch ein Individuum vorherzusagen. Mit der deskriptiven Theorie werden ebenfalls Voraussetzungen für die Entscheider identifiziert, die dazu führen, dass diese dazu befähigt werden, eine Wahl zu treffen (Laux et al. 2018, S. 17 f.).

Im betrieblichen Kontext ist das Controlling dafür zuständig, die Datenbasis einer Entscheidung vorzubereiten. Der Nutzen einer Information definiert sich daran, dass Adressaten diese in den Auswahlprozess einbeziehen (Gleißner 2022, S. 934). Das Controlling sollte daher nicht allein Erkenntnisgewinne anstreben (Guggemos 2023, S. 50).

4.2   Veränderungen von Entscheidungen – Datengetrieben entscheiden

Durch Big Data und Innovationen der Geschäftsmodelle steigt die zur Verfügung stehende Menge an Daten, sodass eine Entscheidungsfindung auf Basis von detaillierten Datenmengen ermöglicht und gleichzeitig die rationale Entscheidungsfindung gefördert wird (Becker et al. 2015, S. 263; Guggemos 2023, S. 50).

Das Mehr an Daten erschwert jedoch die Entscheidungsfindung, die gleichzeitig schneller erfolgen muss, um auf Marktveränderungen zu reagieren, sodass sich die Entscheidungsfindung an diese Veränderungen anpassen muss (Bange et al. 2017, S. 70 f.; Duckstein 2020, S. 125). Diese Anforderungen führen dazu, dass Systeme sich verändern und dem Management Daten in Echtzeit bereitgestellt werden müssen (Becker et al. 2015, S. 264; Weigerding und Hastenteufel 2025, S. 19 ff.).

Um Entscheidungen anhand von Daten treffen zu können, wird ebenfalls die Qualität und Fehlerfreiheit dieser immer bedeutender (Friedag 2017, S. 81). Fehlerhafte Daten oder Fehlinterpretationen führen unweigerlich zu Fehlentscheidungen und Misstrauen gegenüber der Datenbasis (Duckstein 2020, S. 125). Ziel der Entscheider sollte daher ein Gleichgewicht zwischen der Schnelligkeit auf der einen Seite und der Qualität auf der anderen Seite sein (Natterer und Jattke 2022, S. 25; Weigerding und Hastenteufel 2025, S. 19 ff.).

Damit die verfügbaren Daten als Entscheidungsbasis herangezogen werden können, müssen Unternehmen ein effizientes Datenmanagement entwickeln und langfristig Entscheidungen anhand von Daten treffen. Dies bedeutet, dass eine datengetriebene Entscheidung gelebt werden muss, damit die verfügbaren Informationen auch einen tatsächlichen Nutzen stiften. Unterstützt wird die Entscheidungsfindung zur Steigerung der Flexibilität und Schnelligkeit durch Prozessautomatisierungen in der Datenverarbeitung und -bereitstellung (Natterer und Jattke 2022, S. 26; Weigerding und Hastenteufel 2025, S. 19 ff.).

Indem die aktuellen Daten über Dashboards in die Entscheidungsgrundlage des Managements integriert werden, kann dieses faktenbasiert und schnell entscheiden (Stüben et al. 2023, S. 9). Die Herausforderung besteht hierbei jedoch darin, dass die Entscheidungsträger die richtigen Informationen in einer verständlichen Struktur erhalten (Nunkesser und Thorn 2020, S. 270). Durch den Einsatz einer umfassenden Datenanalyse werden Entscheidungen schließlich effizienter (Börner et al. 2023, S. 65). Denn, wenn die Entscheider auf die Korrektheit der Daten und ihre Aktualität vertrauen können, werden Entscheidungen schneller und besser (Caviezel 2020, S. 118; Weigerding und Hastenteufel 2025, S. 19 ff.).

4.3 Empfehlungen für Personalkennzahlen-Dashboards

4.3.1 Fokus: Entscheidungsunterstützung

Die Entscheidungsunterstützung wird vor allem durch die Informationsfunktion im Controlling abgebildet. Dashboards sind dabei ein Instrument, das dazu genutzt werden kann, um Informationen schneller und einheitlicher an das Management zu transportieren. Dashboards eignen sich in besonderem Maße zur Entscheidungsfindung, da sie mittlerweile vermehrt datengetriebene Entscheidungen ermöglichen. Allerdings werden diese vermehrt zur Informationsbeschaffung anstatt zur konkreten Entscheidungsfindung eingesetzt.

Damit Entscheidungen datengetriebener werden, müssen Dashboards allerdings auch zum Einsatz kommen. Um die Akzeptanz einer kennzahlenbasierten Unternehmenssteuerung zu verstärken, können bspw. ergänzende Anreizsysteme wie ein abhängiges Bonussystem genutzt werden (Siedler und Gerussi 2020, S. 256). Dies ist eine Empfehlung, um Akzeptanzprobleme und kulturelle Hindernisse in Unternehmen abzubauen. Weitergehend könnten Berichte vollständig durch Dashboards ersetzt werden, sodass die Nutzer letztlich gezwungen werden, Dashboards zu verwenden. Allerdings sollte der Nutzen eines Dashboards durch die Anwender auch wahrgenommen werden, damit diese die Dashboards gezielt und nicht unter Zwang zur Entscheidung heranziehen. Der Nutzen kann z. B. über folgende Empfehlungen hervorgerufen werden.

Zuallererst empfiehlt es sich, dass Anforderungen an ein Dashboard definiert werden. Ein Dashboard über die Mitarbeiterzufriedenheit soll dabei bspw. die Entwicklungen des Personalbereichs beschreiben, aus denen Rückschlüsse auf die Zufriedenheit der Mitarbeiter gezogen werden können. Damit Dashboards die Entscheidungsfindung unterstützen können, sollten die Kerninhalte innerhalb weniger Sekunden ersichtlich werden (Bliznak 2017, S. 155). Kerninformationen sollten von links nach rechts angeordnet und bspw. wie Quadranten der HR Scorecard visuell dargestellt werden. Zusätzlich bieten gezielte Überschriften der einzelnen Abschnitte eine gute Orientierung. Maximal sechs Abschnitte oder für die Balanced Scorecard vier Abschnitte empfehlen sich für eine gute Übersichtlichkeit (Eisl et al. 2020, S. 59).

Wenn Dashboards mithilfe von übergreifenden Titelkonzepten und Visualisierungsrichtlinien konzipiert werden, können diese dazu beitragen, dass Entscheidungen vom Management datengetrieben getroffen werden (Mehlfeld und Wiener 2017, S. 161). Eine übergreifend nutzbare Anwendung zur Visualisierung und Analyse der vorliegenden Daten unterstützt den Entscheidungsprozess dabei ganzheitlich (Decker et al. 2023, S. 37). Außerdem geben Konzepte zur Visualisierung und ein einheitlicher Aufbau dem Nutzer eines Dashboards Orientierung, sodass eine Gewöhnung eintritt, wenn diese die Dashboards immer wieder verwenden und die Informationen an gleicher Stelle zu finden sind (Mehlfeld und Wiener 2017, S. 162).

Des Weiteren vereinfachen Farbkonzepte und einheitliche Designs die Nutzung von Dashboards und führen zu einem wahrgenommenen Nutzen beim Endanwender. Wenn Dashboards gut gemacht sind und eine hohe Benutzerfreundlichkeit aufweisen, reduzieren sich die Hindernisse kultureller Art sowie Missverständnisse durch fehlende Definitionen von Begrifflichkeiten. Eindeutige Definitionen von Begriffen und Kennzahlen reduzieren Missverständnisse und ermöglichen einen einheitlichen Einblick in die Details des Personalbereichs.

Insgesamt sind in einem Dashboard mehr Details abbildbar oder ergänzend über Drill-Down Möglichkeiten abzugreifen als in klassischen Reports, sodass Drill-Down-Effekte genutzt werden können, um den Entscheidungsträgern eine eigenständige Analyse zu ermöglichen. Drill-Down Möglichkeiten fördern ebenfalls die Übersichtlichkeit, da für Details auf weitere Seiten „gesprungen" werden kann. Beim Springen in andere Seiten sollte allerdings darauf geachtet werden, dass alle notwendigen Parameter der vorherigen Seite übernommen werden (Mehlfeld und Wiener 2017, S. 168).

Die wichtigste Empfehlung für den Aufbau eines Dashboards sind die Ziele und Fragen, die in diesem abgebildet werden sollen. Ein Dashboard unterstützt die Entscheidungsfindung eines Managers, wenn klar ist, welche Fragen beantwortet werden sollen. Im Hinblick auf die Mitarbeiterzufriedenheit wird hierbei deutlich, dass sich zur Entscheidungsfindung ein Dashboard über den gesamten Personalbereich eignet. Wichtig für das Management ist eine komprimierte Übersicht über Entwicklungen und Tendenzen, während den einzelnen Führungskräften mehr Details über einzelne Personen oder Bereiche gegeben werden sollten. Entwicklungen unterstützen nur, wenn diese in Relation gesetzt werden; d. h., dass Kennzahlen im Vergleich zum Vorjahr oder einer Vorgabe bspw. abgebildet werden, damit die Entscheider befähigt werden, Handlungsmaßnahmen einzuleiten.

4.3.2 Fokus: Erfolgsauswirkung

Damit Dashboards einen positiven Einfluss auf den Erfolg von Maßnahmen und das Unternehmen selbst haben, sollten verschiedene Empfehlungen im Umgang mit Dashboards beachtet werden. Neben der allgemeinen Effizienz und

Effektivität eines Dashboards sind subjektive Wahrnehmungen der Gestaltung einzubeziehen, wenn objektive Ergebnisse keine eindeutige Empfehlung wiedergeben (Eisl et al. 2020, S. 53). Denn eine optimal entwickelte Visualisierung für ein Unternehmen muss nicht für jedes Unternehmen optimal sein (Kajüter et al. 2019, S. 146). D. h., dass ein Dashboard effizient sein kann, wenn es die Anforderungen der Nutzer bestmöglich berücksichtigt, obwohl es objektiv betrachtet, nicht für jede Person die beste Entscheidungsgrundlage ist.

Des Weiteren ist es zu empfehlen, ein Dashboard so zu bauen, dass aktuelle Daten schnell verfügbar sind, um gegenüber anderen Konkurrenten Entwicklungen schneller betrachten zu können. Eine hohe Aktualität der Daten führt dazu, dass die Qualität der Entscheidungen – teils erheblich – verbessert wird. Die Effizienz der Entscheidungen sowie die Transparenz bei der begründeten Auswahl einer Handlungsalternative werden durch Dashboards enorm gestärkt, da mit ihnen Entwicklungen und Tendenzen auch über Prognosen frühzeitig erkannt werden können. Dies führt dazu, dass Entscheidungen datenbasierter und damit nachvollziehbarer werden. Alles in allem führt dies dazu, dass Dashboards aktiv dazu beitragen, die Entscheidungsqualität zu verbessern, was sich letztlich auch auf den Erfolg eines Unternehmens auswirkt. Schnelle Entscheidungen tragen dazu bei, sich gegenüber der Konkurrenz durchzusetzen und schneller auf Marktveränderungen eingehen zu können.

Hierbei ist allerdings die Empfehlung auszusprechen, dass im Personalbereich Entscheidungsgrundlagen durch das Personalmanagement erläutert werden, um Fehlentscheidungen zu vermeiden und soziale Faktoren in den Entscheidungskontext einzusteuern. Kommentare könnten hier die Datengrundlage und Entwicklungen bspw. zusammenfassen und Einblicke in den Kontext von Kennzahlen geben.

Indem Dashboards eingesetzt werden, werden Größen wie bspw. die Mitarbeiterzufriedenheit messbar und steuerbar gemacht. Wenn eine solche qualitative Größe kontinuierlich betrachtet wird, trägt dies dazu bei, Entwicklungen zu analysieren und notwendige Maßnahmen einzuleiten, falls vom Zielzustand abgewichen wird. Vor allem im Personalbereich sind Risiken und Veränderungen zu steuern, damit hohe Kosten und der Verlust von Know-how durch einen potenziellen Austritt von Mitarbeitern vermieden wird.

Die Anbindung eines Dashboards an ein Data Warehouse ist dabei essenziell für die Vorteile eines Dashboards und die Verbesserung der Entscheidungsfindung. Denn durch die Anbindung an ein Data Warehouse werden die Prozesse der Datenbeschaffung, -aufbereitung und Informationsverteilung automatisiert, schneller und einheitlicher. Dies führt nicht nur dazu, dass Unternehmen Daten nutzen und sich gegenüber der Konkurrenz besserstellen, sondern auch dazu, dass Prozesse im Unternehmen verschlankt und die Mitarbeiter aus dem Controlling und dem Personalmanagement effizienter eingesetzt werden können.

Dies bedingt, dass Dashboards im Personalbereich verständlich sein müssen und Entwicklungen eindeutig widerspiegeln sollten, damit das Management anhand dieser die Zufriedenheit steuern kann.

4.3.3 Fokus: Mitarbeiterzufriedenheit

Wie bereits erwähnt, ist die Zufriedenheit von Mitarbeitern ein komplexes und subjektiv gefärbtes Konstrukt. Indem die Mitarbeiterzufriedenheit bspw. in Befragungen erhoben wird, könnte ein Mitarbeiterzufriedenheitsindex ermittelt werden, um Aufschluss über den aktuellen Stand der Zufriedenheit zu erhalten. Die Befragungen oder auch Gespräche mit Mitarbeitern sind eine direkte Möglichkeit, die ein Vorgesetzter oder das Management besitzt, um die Zufriedenheit abzufragen. Für das Management stellt es sich i. d. R. jedoch schwieriger dar, Gespräche mit Mitarbeitern zu führen, da die Hierarchie zu sehr auseinanderliegt und ggf. einer offenen Kommunikation im Wege steht. Um dem Management dennoch einen Einblick in die Zufriedenheit der Mitarbeiter des gesamten Unternehmens geben zu können, kann sich ein Dashboard anbieten.

Ergebnisse einer Mitarbeiterbefragung können bspw. im zuvor genannten Index abgebildet werden. Die Befragung ist eine direkte Erhebung der Zufriedenheit, die aufwendig ist und eine komplexe Vorbereitung benötigt, sodass die Daten u. U. schnell veraltet sind. Indem die qualitative Erhebung durch quantitative Kennzahlen zwischen den Erhebungszeiträumen ergänzt wird, kann ein Dashboard einen guten Überblick über die Entwicklungen im Personalbestand geben. Kennzahlen, die die Zufriedenheit näherungsweise abbilden, sind u. a.

- die Fluktuationsquote,
- die Krankenquote,
- die Betriebszugehörigkeit sowie
- die Überstundenquote.

Wie bereits beschrieben, sollten diese Kennzahlen zu einem ganzheitlichen Bild des Personalbereiches zusammengeführt werden. Hierzu eignet sich eine Unterteilung in Bereiche (z. B. in Beschaffung oder Personalentwicklung), um die Kennzahlen möglichst gezielt auszuwählen.

Die HR Scorecard unterteilt die Felder in Wirtschaftlichkeit, Mitarbeiter, Qualität und Wissen/Lernen. Bei der Wirtschaftlichkeit stehen die Kosten und die aktuelle Situation im Fokus. Hier eignen sich Daten wie die Anzahl der Beschäftigten unterteilt nach verschiedenen Altersgruppen, dem Geschlecht oder auch nach Art der Arbeit wie bspw. Produktion/Verwaltung, um einen Einblick in die verschiedenen Bereiche eines Unternehmens zu bekommen. Denn Entwicklungen der Zufriedenheit könnten sich z. B. auch auf den Bereich Verwaltung beziehen, wohingegen die Produktion keine Veränderungen zu verzeichnen hat. Diese Fakten können durch Kennzahlen wie bspw. Personalkosten pro Vollzeitbeschäftigtem oder Umsatz pro Beschäftigtem für eine Relation der Leistung ergänzt werden. In der Perspektive Mitarbeiter werden die konkreten Entwicklungen der Zufriedenheit betrachtet. Hierzu können sowohl die zuvor genannten Kennzahlen abgebildet werden als auch der Index der Zufriedenheit aus den Befragungen. Weitergehend können Ergebnisse aus standardisierten Gesprächen der Führungskräfte zusammengeführt und in einen Zufriedenheitsindex überführt werden. In der Qualitätsebene wird der Beitrag des Bereiches Personal zum Unternehmenserfolg gemessen. Indem die Anzahl der Einstellungen oder auch die Dauer der Besetzung einer Stelle betrachtet wird, können Rückschlüsse auf die Entwicklung der Zufriedenheit gezogen werden. Durch die Betrachtung der Zugänge der Mitarbeiter und ihrer Performance im Unternehmen, können auch neue Ideen für Verbesserungen der Einstellungen entwickelt werden, um Mitarbeiter an das Unternehmen zu binden. Die vierte Perspektive wird als Wissen und Lernen bezeichnet. Wachstumsmöglichkeiten und Entwicklungschancen können dazu beitragen, dass Mitarbeiter eher zufrieden mit ihrer Position sind. Indem eine Kennzahl wie die Schulungsstunden pro Beschäftigtem eingebunden wird, können z.B. Entwicklungsmöglichkeiten im Unternehmen betrachtet werden. Des Weiteren führen Gespräche mit den Vorgesetzten, Ziele und Leistungsbeurteilungen zum Teil dazu, dass Mitarbeiter zufriedener mit ihrer Tätigkeit sind, wenn ihre Arbeitsleistung anerkannt wird (Aust 2024). Indem der Anteil der Leistungsbeurteilungen gemessen wird, können in einem Dashboard z. B. Fehlentwicklungen im Bereich der Führungskultur aufgedeckt werden.

In der Summe zeigt sich, dass es eine Vielzahl an Kennzahlen gibt, um ein übergreifendes Bild zum Personalbereich zu erzeugen. Dennoch ersetzen Kennzahlen allein keine gute Personalführung. Das Management gibt die strategische Ausrichtung vor und wirkt deutlichen Fehlentwicklungen entgegen. Es ist die Aufgabe der Führungskräfte die Zufriedenheit der Mitarbeiter direkt zu steuern. Daher sollten Dashboards nicht nur auf der Ebene des Managements verfügbar sein.

Vor allem die Verständlichkeit von Berichten trägt dazu bei, dass Nutzer ihre Usability höher einstufen. Da die Verständlichkeit durch Visualisierungsrichtlinien erhöht werden kann, empfiehlt es sich, diese nach den International Business

Communication Standards aufzubauen (Brehm et al. 2023, S. 77) und hierbei besonders auf Benutzerfreundlichkeit achten.

Empfehlungen zur Visualisierung wurden in den International Business Communication Standards entwickelt und können 1:1 in einem Dashboard umgesetzt werden, indem strategische Titelkonzepte und Richtlinien erstellt werden, die dem Leser eine Orientierung geben:

- In jedem Quadranten sollten nur die wichtigsten Facts und Kennzahlen abgebildet werden.
- Farben sollten festgelegt werden: Schwarz und Blau als Standardfarben für das IST und das Vorjahr; Hervorhebungen wie Abweichungen in grün und rot.
- Prognosen könnten bspw. gestrichelt abgebildet werden.
- Der Stand der Daten als Information am Rand der Auswertung.
- Filtermöglichkeiten zu Bereichen, Altersgruppen und Austrittsarten etc. nutzen.
- Kernaussagen als Überschriften etablieren.
- Kommentare einbauen, um Klarheit über Entwicklungen zu fördern.
- Diagramme und Tabellen nach dem Sinn und nicht nach dem Aussehen auswählen (Säulendiagramme – Zeitreihen, Balkendiagramme – Strukturen, Liniendiagramme – Szenarien)
- Ladezeiten durch Berechnungen im Hintergrund reduzieren.

Entscheidungen können damit anhand eines detaillierten Dashboards schneller und transparenter getroffen werden. Dies bezieht sich nicht nur auf das Management für strategische Entscheidungen, sondern auch auf Entscheidungen von Vorgesetzten, die diese Dashboards für die Vorbereitung von Mitarbeitergesprächen oder die Abstimmungen mit dem Management nutzen können.

Schlussbemerkung

5

In einer digitalisierten und datenbasierten Unternehmenswelt stehen Unternehmen vor der Herausforderung, aus großen Datenmengen entscheidungsrelevante Informationen zu gewinnen. Dashboards sind hierbei eine wertvolle Unterstützung, da sie u. a. Personalkennzahlen wie Fluktuation, Krankenstand oder Weiterbildung übersichtlich visualisieren und so etwaige Trends frühzeitig erkennbar machen.

Daher sind Dashboards ein dynamisches Steuerungsinstrument und ermöglichen den Entscheidungsträgern eine datengestützte, proaktive Personalarbeit. Im Vergleich zu statischen Berichten bieten Dashboards interaktive Funktionen, Echtzeitanalysen und individuelle Auswertungsmöglichkeiten, was sie zur zentralen Schnittstelle zwischen Datenanalyse und Management macht.

Der Nutzen von Dashboards wird maßgeblich von der Qualität der zugrunde liegenden Daten bestimmt. Eine zuverlässige Datenbasis, konsistente Erhebung sowie eine klar definierte Datenstrategie sind daher unerlässlich. Ebenso entscheidend sind Nutzerakzeptanz und Schulungen, um eine korrekte Interpretation der Informationen und eine aktive Nutzung zu gewährleisten.

Personalkennzahlen-Dashboards fördern faktenbasierte Entscheidungen, erhöhen die Transparenz und verbessern die strategische Steuerung des HR-Bereichs. Unternehmen, die ihre Dateninfrastruktur gezielt ausbauen und Dashboards bedarfsgerecht einsetzen, stärken so ihre Wettbewerbsfähigkeit und legen den Grundstein für eine nachhaltige Personalstrategie.

Was Sie aus diesem *essential* mitnehmen können

- Dashboards fördern transparente und effiziente Entscheidungen auf Datenbasis
- Visualisierte Kennzahlen helfen im HR-Controlling, Risiken früh zu erkennen und zu steuern
- HR Scorecard verbindet strategische Ziele mit operativen Maßnahmen
- Self Service Reporting stärkt Führungskräfte und beschleunigt Entscheidungen

Literatur

Aust S (2024) Mitarbeiterzufriedenheit: Definition, Bedeutung, Einflussfaktoren, Messung und Steigerung. https://hiral.de/ratgeber/employer-branding/mitarbeiterzufriedenheit. Zugegriffen: 15.04.2025.

Bange C, Derwisch S, Fuchs C (2017) Advanced-Analyticswerkzeuge, die der Controller kennen sollte. Controlling (29): 70–73.

Baumöl U, Grawe C, Bockshecker A (2017) Data Scientist. Controlling in der Digitalisierung? Controlling (29): 42–45.

Baumüller J, Eisl C, Leitner-Hanetseder S (2023) Neue KPI für die Unternehmenssteuerung durch CSRD und ESRS. REthinking Finance (6): 4-9.

Becker W, Ulrich P (2022): Einführung in das Controlling. In Becker/Ulrich (Hrsg) Handbuch Controlling, 2. Aufl. Springer, Wiesbaden, S. 3–5.

Becker W, Ulrich P, Botzkowski T, Eurich S (2015) Data Analytics in Familienunternehmen – Implikationen für das Controlling. Controlling (27):. 263–268.

Bieker M (2019) Inhaltliche Neuausrichtung des Rechnungswesens durch Digitalisierung?, In Kümpel et al. (Hrsg) Controlling & Innovation 2019. Digitalisierung. Springer, Wiesbaden, S. 23–38.

Bliznak K (2017) SAP Digital Boardroom: Echtzeit-Analyse und Visualisierung unterstützen Entscheidungen der Unternehmensführung. In Klein/Gräf (Hrsg) Reporting und Business Intelligence. Haufe-Lexware, München, S. 139–158.

Börner X, Mischer M, Günther TW (2023) Status quo der Gestaltung von Business Analytics im Controlling. Controlling & Management Review (67): 64–69.

Brehm A, Mohr M, Gräf J (2023) Integriertes Management-Reporting in der SAP Analytics Cloud – Learnings aus Praxisprojekten. In Klein/Oehler (Hrsg) Controlling mit der SAP Analytics Cloud. Cloud-gestützte Planung, Analyse und Reporting im Praxiseinsatz, Haufe-Lexware, Freiburg, S. 71–88.

Cassack I (2020) Digitalisierung des Controlling-Systems in Theorie und Praxis am Beispiel der ARTS Gruppe. In Keimer/Egle (Hrsg) Die Digitalisierung der Controlling-Funktion. Anwendungsbeispiele aus Theorie und Praxis, Springer, Wiesbaden, S. 237–250.

Caviezel R (2020) Mit Business Intelligence die Unternehmenssteuerung digitalisieren. In Klein/Oehler (Hrsg) Controlling mit der SAP Analytics Cloud. Cloud-gestützte Planung, Analyse und Reporting im Praxiseinsatz, Haufe-Lexware, Freiburg, S. 103–121.

Coenenberg AG, Fischer TM, Günther TW (2016) Kostenrechnung und Kostenanalyse, 9. Aufl., Schäffer-Poeschel, Stuttgart.

Decker F, Diekkämper J, Handel H, Oehler K (2023) Integrierte Analyse und Planung mit der SAP Analytics Cloud. In Klein/Oehler (Hrsg) Controlling mit der SAP Analytics Cloud. Cloud-gestützte Planung, Analyse und Reporting im Praxiseinsatz, Haufe-Lexware, Freiburg, S. 37–54.

Drumm HJ (2000) Personalwirtschaft, 4. Aufl., Springer, Berlin.

Duckstein R (2020) Von digitalen Hilfsmitteln zur digitalen Methodik. In Keimer/Egle (Hrsg) Die Digitalisierung der Controlling-Funktion. Anwendungsbeispiele aus Theorie und Praxis, Springer, Wiesbaden, S. 123–139.

Eisl C, Losbichler H, Hofer P (2020) Eye-Tracking-Analysen zur Optimierung des Reportings. REthinking Finance (3): 51–59.

Eisl C, Rockenschaub T, Mitterlehner D (2023) Die Top-Zukunftsthemen des Controllings. Controlling & Management Review (67): 42–47.

Erichsen J (2019) Controlling – Digitalisierung, Automatisierung und Disruption verändern Aufgabenfelder und Anforderungen nachhaltig. In Kümpel et al. (Hrsg) Controlling & Innovation 2019. Digitalisierung. Springer, Wiesbaden, S. 1–22.

Fiedler R (2024) IT-gestützte Datenanalyse und -visualisierung im Controlling. Controller Magazin (49): 62–63.

Friedag J (2017) Wie wachsen Controlling und das Business Intelligence zusammen?. Controlling (29): 80–82.

Gerig I (2020) Standardisierung und Automatisierung als Basis für die Digitalisierung im Controlling von Siemens Building Technologies. In Keimer/Egle (Hrsg) Die Digitalisierung der Controlling-Funktion. Anwendungsbeispiele aus Theorie und Praxis, Springer, Wiesbaden, S. 211–236.

Gleich R (2021) Performance Measurement. Konzepte, Fallstudien, Empirie und Handlungsempfehlungen, 3. Aufl., Vahlen, München.

Gleißner W (2022) Controlling, Unternehmensplanung, Risiko und Risikomanagement. In Becker/Ulrich (Hrsg) Handbuch Controlling, 2. Aufl. Springer, Wiesbaden, S. 931–952.

Grönke K, Heimel J (2015) Big Data im CFO-Bereich. Kompetenzanforderungen an den Controller. Controlling (27): 242–248.

Guggemos T (2023) Anforderungsprofile im digitalen Zeitalter. Controlling & Management Review (67): 46–51.

Güler HA (2021) Digitalisierung operativer Controlling-Prozesse. Begriffserklärung, Anwendungsfälle und Erfolgsbeurteilung. Springer, Wiesbaden.

Hartmann L, Momsen B (2023) Controlling und BI im Scale-up integrieren. Controlling & Management Review (67): 30–37.

Hasenfratz J (2021) Die HR Scorecard und ihre vier Perspektiven leicht erklärt. https://www.appvizer.de/magazin/personalmanagement/hr-management-system/hr-scorecard. Zugegriffen: 15.04.2025.

Hastenteufel J, Dorow M. Weber ST (2024) The impact of digitization on corporate controlling and the role of controllers. Managerial Economics, (25): 107–143.

Hastenteufel J, Günther M, Rehfeld K-M (2021) From Big to Smart – Ausgewählte Einsatzmöglichkeiten von Smart Data. IU Discussion Paper.

Hastenteufel J, Schuster H, Kiszka S (2022) Controlling 4.0 – Herausforderungen der Digitalisierung für das Controlling und daraus resultierende Veränderungen des Berufsbilds von Controller:innen. In Hastenteufel/Webe/Röhm (Hrsg) Digitale Transformation im Controlling. Praxisorientierte Lösungsansätze und Chancen für Unternehmen (S. 1–12). Springer, Wiesbaden.

Hecht N, Scherrer P (2020) Nutzen und Stolpersteine bei der Einführung einer Business Intelligence-Lösung für KMU am Beispiel der Firma SIGA. In Keimer/Egle (Hrsg) Die Digitalisierung der Controlling-Funktion. Anwendungsbeispiele aus Theorie und Praxis, Springer, Wiesbaden, S. 83–102.

Heupel T, Reinhardt M (2019) Das Controlling-Bild der Zukunft. In Kümpel et al. (Hrsg) Controlling & Innovation 2019. Digitalisierung. Springer, Wiesbaden, S. 111–134.

Hofer P, Perkhofer L, Mayr A (2020) Interaktive Big Data Visualisierungen. Potential für das Management Reporting. In Keimer/Egle (Hrsg) Die Digitalisierung der Controlling-Funktion. Anwendungsbeispiele aus Theorie und Praxis, Springer, Wiesbaden, S. 159–187.

Isensee J (2017) Reporting 4.0: Management Reporting im digitalen Kontext, In Klein/Gräf (Hrsg) Reporting und Business Intelligence. Haufe-Lexware, München, S. 23–40.

Kajüter P, Schaumann K, Schirmacher H (2019) Einfluss aktueller IT-Trends auf das interne Berichtswesen. In Kümpel et al. (Hrsg) Controlling & Innovation 2019. Digitalisierung. Springer, Wiesbaden, S. 135–153.

Kaplan RS, Norton DP (1992) The Balanced Scorecard – Measures that Drive Performance. Harvard Business Review (70).

Kasselmann S, Gebhardt M (2017) Kosten- und Erlösstruktur im Wandel durch Industrie 4.0 – empirische Benchmarks. Controlling (29): 83–86.

Keimer I, Egle U (2020) Digital Controlling – Grundlagen für den erfolgreichen digitalen Wandel im Controlling. In Keimer/Egle (Hrsg) Die Digitalisierung der Controlling-Funktion. Anwendungsbeispiele aus Theorie und Praxis, Springer, Wiesbaden, S. 1–16.

Kieninger M (2012) Die Unsicherheit beherrschen – Steuerungskonzepte für die volatile Ökonomie. In Horváth/Michel (Hrsg) Controlling und Finance – Steuerung im volatilen Umfeld. Schäffer-Poeschel, Stuttgart, S. 3–19.

Kirchler E, Hölzl E (2011) Arbeitsgestaltung. In Kirchler (Hrsg) Arbeits- und Organisationspsychologie, 3. Aufl., UTB, Stuttgart, S. 197–316.

Kobi J-M (2012) Personalrisikomanagement: Strategien zur Steigerung des People Value, 3. Aufl., Springer, Wiesbaden.

Kramb M, Maier M (2023) Business Intelligence als Controllinginstrument. Teil 1: Business Intelligence und die Informationsfunktion des Controllings. Controller Magazin (48): 74–79.

Langmann C (2019) Digitalisierung im Controlling. Springer, Wiesbaden.

Laux H, Gillenkirch R, Schenk-Mathes HY (2018) Entscheidungstheorie, 10. Aufl., Springer Gabler, Wiesbaden.

Lehrle N (2024) HR Scorecard: Begriff, Bedeutung, Kennzahlen und Beispiel für HR Balanced Scorecard. https://hiral.de/ratgeber/personalmanagement/hr-score-card. Zugegriffen: 15.04.2025.

Lietz Y (2019) Human Resources Scorecard. https://raven51.de/wiki/human-resources-sco recard. Zugegriffen: 15.04.2025.

Lohmann C, Crasselt N (2022) Risikocontrolling. In Becker/Ulrich (Hrsg) Handbuch Controlling, 2. Aufl. Springer, Wiesbaden, S. 1171–1188.

Mehlfeld T, Wiener A (2017) Dashboard-Design und Storytelling-Frameworks erleichtern effektives Reporting. In Klein/Gräf (Hrsg) Reporting und Business Intelligence. Haufe-Lexware, München, S. 159–178.

Mens F (2022) Vom Zahlendeuter zum strategischen Berater. Controlling & Management Review (66): 36–41.

Natterer M, Jattke M (2022) Datenstrukturen für KI-Methoden schaffen. Controlling & Management Review (66): 24–31.

Nemmer T, Schuster J (2022) Personalcontrolling im Krankenhaus. In Becker/Ulrich (Hrsg) Handbuch Controlling, 2. Aufl. Springer, Wiesbaden, S. 577–599.

Nunkesser R, Thorn J (2020) Möglichkeiten und Einschränkungen mobiler Applikationen für das Controlling. In Keimer/Egle (Hrsg) Die Digitalisierung der Controlling-Funktion. Anwendungsbeispiele aus Theorie und Praxis, Springer, Wiesbaden, S. 265–286.

Oehler K (2023) KI im Berichtswesen – zwischen Wunsch und Wirklichkeit. Controlling & Management Review (67): 8–14.

Paul C (2005) Working Paper – Personalrisikomanagement: Bestandsaufnahme und Perspektive. Hans-Böckler-Stiftung, Düsseldorf.

Personio (2024) HR-Dashboard: Beispiele, Vorteile, Tools. https://www.personio.de/hr-lexikon/hr-dashboard/. Zugegriffen: 15.04.2025.

Podlinski V (2021) Feelgoodmanagement als Erfolgsfaktor. Wie Unternehmen die Mitarbeiterzufriedenheit durch Unternehmenskultur fördern, Science Factory, München.

Probst H-J (2019) Kennzahlen – richtig anwenden und interpretieren, 5. Aufl., Redline, München.

Reichmann T, Ständer M, Schön D (2017) Controlling-Cockpit für ein mittelständisches Unternehmen. Controlling (29): 87–90.

Richter N (2010) Das Unternehmen als dezentrale Wissensordnung und die Vernetzung durch digitale Informations-technologien. Open Journal of Knowledge Management (1).

Sacco V (2022) Personalcontrolling: Personalbezogene Kennzahlen im Management Reporting und externen Reporting. Entwicklung, Systematisierung und Beurteilung. Springer, Wiesbaden.

Schäffer U (2023) Data Management 2.0. Controlling & Management Review (67): 3.

Schlenkrich K, Wisbert H (2019) Effizienz von Controllingsystemen in der digitalen Transformation. In Kümpel et al. (Hrsg) Controlling & Innovation 2019. Digitalisierung. Springer, Wiesbaden, S. 39–56.

Schneider T (2022) Digitalisierung und Künstliche Intelligenz. Einsatz durch und im Controlling. Springer, Wiesbaden.

Scholz C, Scholz TM (2019) Grundzüge des Personalmanagements, 3. Aufl., Vahlen, München.

Schön D (2018) Planung und Reporting im BI-gestützten Controlling. Grundlagen, Business Intelligence, Mobile BI und Big-Data-Analytics, 3. Aufl., Springer, Wiesbaden.

Schönbohm A, Dymke T (2020) Hack yourself: Ein Aufruf zur künstlichen Metamorphose des Controllers in der digitalen Transformation. In Keimer/Egle (Hrsg) Die Digitalisierung der Controlling-Funktion. Anwendungsbeispiele aus Theorie und Praxis, Springer, Wiesbaden, S. 401–420.

Seiter M (2017) Was Controller über Business Analytics wissen müssen. Controlling (29): 60–63.

Siedler P, Gerussi L (2020) Vom Finanzbericht zum Controlling Cockpit im Zeitalter der Digitalisierung. In Keimer/Egle (Hrsg) Die Digitalisierung der Controlling-Funktion. Anwendungsbeispiele aus Theorie und Praxis, Springer, Wiesbaden, S. 251–263.

Stoffers P, Karla J, Kaufmann J (2021) Digitalisierung von Management-Reporting-Prozessen – Ein technologieorientiertes Reifegradmodell zum Einsatz in KMU, HMD Praxis der Wirtschaftsinformatik (59): 940–960.

Stüben J, Borstell M, Galati S (2023) Natürliche Verbündete. Datenmanagement und Controlling. Controlling & Management Review (67): 8–14.

Van Bentum E, Erben RF (2024) HR-Risiken im Employee Lifecycle – Mit welchen Risiken sollten sich Unternehmen entlang des Mitarbeiterlebenszyklus auseinandersetzen?. Controller Magazin (49): 77–81.

Vanini U (2022) Risikocontrolling in der Unternehmenspraxis. In Becker/Ulrich (Hrsg) Handbuch Controlling, 2. Aufl. Springer, Wiesbaden, S. 271–287.

Wegener B, Faupel C (2018) Reporting Design. Ergebnisse einer aktuellen Studie und Ableitung von Handlungsempfehlungen. Controller Magazin (3): 4-8.

Weigerding L, Hastenteufel J (2025) Data-Driven Decision Making im operativen und strategischen Investitionscontrolling Entwicklung eines prozessorientierten Ansatzes. Springer, Wiesbaden.

Weinert C, Maier C, Laumer S, Weitzel T (2022) Controlling der Rekrutierung: Erhebung von Kennzahlen entlang des Recruiting-Prozesses, In Becker/Ulrich (Hrsg) Handbuch Controlling, 2. Aufl. Springer, Wiesbaden, S. 205–221.

Wettstein K, Caderas R (2020) Die Digitale Transformation des Reportings beim Schweizer Radio und Fernsehen (SRF). In Keimer/Egle (Hrsg) Die Digitalisierung der Controlling-Funktion. Anwendungsbeispiele aus Theorie und Praxis, Springer, Wiesbaden, S. 65–81.

Willmes C, Hess T, Gschmack S (2015) Die Bedeutung von Big Data im Controlling. Controlling (27): 256–262.

Wolff M (2020) Der Weg zur passenden Visualisierung in Berichten. Controller Magazin (45): 76–79.

Zdrowomyslaw N (2022) Personalcontrolling in der Unternehmenspraxis. In Becker/Ulrich (Hrsg) Handbuch Controlling, 2. Aufl. Springer, Wiesbaden, S. 223–245.

If you have any concerns about our products,
you can contact us on
ProductSafety@springernature.com

In case Publisher is established outside the EU,
the EU authorized representative is:
Springer Nature Customer Service Center GmbH
Europaplatz 3, 69115 Heidelberg, Germany

Printed by Libri Plureos GmbH
in Hamburg, Germany